Tango malandro

Oscar Angel Cesarotto

TANGO MALANDRO

ILUMI//URAS

Copyright © 2003:
Oscar Angel Cesarotto

Copyright © desta edição:
Editora Iluminuras Ltda.

Capa:
Fê
Estúdio A Garatuja Amarela

Revisão:
Ariadne Escobar Branco

Filmes de capa:
Fast Film - Editora e Fotolito

Composição e filmes de miolo:
Iluminuras

ISBN: 85-7321-202-0

2003
EDITORA ILUMINURAS LTDA.
Rua Oscar Freire, 1233 - 01426-001 - São Paulo - SP - Brasil
Tel: (0xx11)3068-9433 / Fax: (0xx11)3082-5317
iluminur@iluminuras.com.br
www.iluminuras.com.br

SUMÁRIO

DE QUEM SABE DAS COISAS 11
Lucia Santaella

A MALDIÇÃO DO TANGO 13

TANGO *LUNFARDO*

EL CHOCLO 19

PARTE I

I. *DEBUTANDO* 23
1. O *lunfardo* em ação: definições e exemplos 24
2. Hipóteses, argumentos, justificativas 31
3. Um jargão inconsciente 33

II. A ARGENTINA 37
1. Fundações 38
2. Raízes 38
3. Apetites 40
4. Independência 41
5. Capital *vs.* Províncias 42
6. A República 42
7. O Centenário 43
8. A imigração 43
9. A "década infame" 44
10. O peronismo 45
11. A "Libertadora" 46
12. O "Proceso" 47
13. A democracia 48
14. A economia é o destino 48

III. Breve história do tango 51
1. Origens e margens 51
2. Música e dança 52
3. *De Pompeya al Centro* 53
4. O *lunfardo* no tango 54
5. Apogeu e decadência 55
6. Presente e futuro 56

IV. Carlos Gardel — O ideal do eu de uma nação 57
1. *Andá a cantarle a Gardel!* 57
2. A saga do mito 58
3. O ídolo 59

V. Evolução do *lunfardo* 63
1. A *parla* dos gatunos 64
2. Marginália 66
3. Fora da lei 67
4. Hoje como ontem 69

VI. O *lunfardo* nas letras do tango 73
1. *Mi noche triste* 73
2. *Mano a mano* 75
3. *El ciruja* 79

VII. A *língua paterna* dos argentinos 83
1. S – I – R 84
2. O castelhano 85
3. O *lunfardo al vesre* 85
4. O pecado original 86
5. *Versus* 87
6. As três séries 89
7. *Alter* 91
8. *Se parire* 92
9. O gozo 93
10. *La Paternal* 93
11. *Finis* 95

PARTE II

VIII. O LÉXICO *LUNFARDO* 99
1. Novas acepções 100
2. Mudanças morfológicas 102
3. Empréstimos 103
4. Frases *lunfardas* 109

IX. AS FORMAÇÕES DO INCONSCIENTE 111
1. O Seminário V 111
2. O inconsciente 112
3. O Outro 113

PARTE III

X. *SOPERMI* 117

XI. GRAÇAS 123

XII. REFERÊNCIAS BIBLIOGRÁFICAS 125

De quem sabe das coisas

Lucia Santaella

O tango, "um pensamento triste que se dança", no dizer de E.S. Discepolo, teve uma origem híbrida: as melodias do *tanguillo* andaluz e da *habanera* cubana misturaram-se com os sons locais da *milonga*. Disso resultou uma criação não menos híbrida: o tango é, ao mesmo tempo, som, letra, voz, canto, coreografia, dança, corpos que se enroscam, dramatização da tragicomédia humana, na mais fascinante colocação em cena do desejo. Nas promessas de um desvelamento iminente, as circunvoluções dos corpos intermitentemente suspendem a revelação, expondo os labirintos em que o desejo humano se cifra.

Nas suas origens, no caminho do som para o canto, para a letra da canção, o tango foi inseminado pelo *lunfardo*. Nascido como o tango, nos arrabaldes, o *lunfardo* era o linguajar marginal e profano dos deserdados. Emergindo no mesmo caldo cultural de tempero transgressor e licencioso, não é de se estranhar que ambas, a libertinagem da dança e a promiscuidade da fala, se amalgamassem. Então, no seu trajeto gradual, mas certeiro e triunfante, das periferias para o centro, o tango foi transmutando sua licenciosidade em metáfora, levando nas suas entranhas o *lunfardo*, já enriquecido pela miscigenação com outras vozes nativas.

Essas origens, naturezas e desenvolvimentos do tango e do *lunfardo* estão cuidadosamente trabalhadas neste livro de Oscar Angel Cesarotto. Mas não é apenas isso que o autor propõe. O alvo de sua mira situa-se bem além da mera historiografia, embora a inclua como ponto de partida.

Lido no mesmo código enigmático das outras formações do inconsciente, à luz indômita e interdisciplinar da semiótica psicanalítica, aqui empregada para dar conta dos caldeamentos psíquico-culturais que extrapolam a intimidade da clínica, o *lunfardo* surge, pelo viés original de Cesarotto, como a língua secreta e chave hermética do tango, como contra-senha da argentinidade, enfim, no *lunfardo* como a *língua paterna* dos argentinos encontra-se o argumento perturbador que o autor anuncia. É preciso muito estofo para propor e sustentar uma tal afirmação. Mas estofo intelectual e clínico é o que não lhe falta. O *lunfardo* corre nas veias de seu sangue portenho. A psicanálise é sua língua nativa; está no ar que inspira e expira com a sabedoria natural e simples dos grandes mestres.

O que é a língua? Algo que o infante aprende a balbuciar com o olhar colado — fascínio especular — nos lábios maternos. "Não chore, que a mamãe está aqui." O fosso amedrontador do mundo desconhecido fecha-se nessa frase singela, definitiva e para sempre ansiada. Por isso mesmo, a língua pátria é a língua da mãe. A mãe protetora que abriga, afaga, abraça, alimenta e cuida, enquanto acaricia com a fala.

Como ousa Oscar Angel Cesarotto dizer que há uma *língua paterna*?

Aqueles que se puserem a seguir essa ousadia têm muito para aprender, enquanto se deliciam com a malícia e o gingado afetivo e mental do *lunfardo* nas letras das canções do tango, tudo isso devidamente contextualizado na argentinidade. Nessa ambiência, em consonância com aquilo de que o texto trata — a **litera** do tango — o pensamento do leitor dança entre as palavras, enquanto o coração palpita na mistura entre sentimento e riso, o riso oblíquo com que a sabedoria popular enfrenta as vicissitudes do destino, as dramáticas e até mesmo as trágicas. Esse riso paradoxal, entre malandro e amargo, está no *lunfardo*.

Mas como pode a língua ser do pai, se o pai está no lugar da lei que precisa separar para que o laço social se faça? As coisas seriam até fáceis se fosse assim tão simplória a oposição entre a mãe que une no abrigo da fala e o pai que separa para abrir as portas à alteridade do mundo. Na psique humana, entretanto, não há nada simples. Por fatalidade congênita, tudo que diz respeito ao humano está submetido a uma complexidade sem repouso. Para começar, antes de nascer, o infante já está prescrito pela língua. Além disso, não só a língua materna é alienação fundante, de que o ego se faz vassalo, quanto, ao mesmo tempo, a língua também é o Outro, o grande outro da lei e da cultura. A que o sujeito deve a separação que o constitui? Não certamente à língua da mãe que o aliena. Como dar conta desses percalços?

A bem da verdade, são percalços nada fáceis de serem intelectivamente transpostos, em especial porque, quando se trata da psicanálise, estamos enredados de forma inextrincável na trama mesma do que tentamos entender. Frente a isso, Cesarotto encontrou aqui um modo magistral de conduzir o leitor pelas teias intrincadas do psiquismo e de suas reverberações socioculturais, provando com sabor e humor que dos embates da alma humana também se pode saber sem sofrer.

Evidentemente, não vou adiantar ao leitor por que o *lunfardo* é a *língua paterna* dos argentinos, pois esse é o cerne desse livro, o argumento que o anima. Deixo, por isso mesmo, a curiosidade do leitor em suspensão para que não se perca o encantamento de vê-la saciada nas linhas e entrelinhas do discurso desenvolto que Cesarotto domina como poucos.

No entanto, é preciso ler o texto com cuidado, ou melhor, com uma certa malícia, pois o autor, em respeito à inteligência do leitor, tece aí armadilhas para capturar sensibilidades. Depois de seguir as inumeráveis voltas no parafuso do sujeito do inconsciente, quando tudo parece estar na iminência do esclarecimento final, o argumento de que o **lunfardo** *é a língua paterna dos argentinos deve também ser percebido como um operador teórico fictício. Mais ainda, deve ser ouvido como parte de um jogo jocoso, como um dito espirituoso. Não há descobertas sem surpresas.*

Por isso mesmo, este livro, originalmente defendido como tese de doutorado, no programa de Pós-Graduação em Comunicação e Semiótica na PUC-SP, funciona inclusive, tanto quanto o *lunfardo*, à maneira de um chiste. Foi o modo sutil e sagaz que Oscar Angel Cesarotto encontrou para, sem escorregar nas pompas ou pieguices oficiosas, prestar sua homenagem, ao mesmo tempo carinhosa e irônica, à sua pátria-mãe, Argentina, e ao seu pátrio-símbolo, o tango. Confie o leitor: esta leitura é imperdível.

A MALDIÇÃO DO TANGO

Cuerpo de alambre

Yo tengo una percantina
que se llama Nicanora
y da las doce antes de hora
cuando se pone a bailar,
y si le tocan un tango
de aquellos com *fiorituras*,
a más corte y quebraduras
nadie le puede igualar.

En los *bailongos* de Chile
siempre se lleva la palma,
pués baila con cuerpo y alma
el tango más *compadrón*.
Las *turras estriladoras*
al *manyarla* se *cabrean*
y entre ellas se secretean
con maliciosa intención.

Es mi *china* la más *pierna*
pa'l tango criollo com corte;
su cadera es un resorte
y, cuando baila, un motor.
Hay que verla cuando marca
el cuatro o la media luna,
con que lujo lo hace, *ahijuna*!...
es una *hembra* de *mi flor*.

Yo también soy medio *pierna*
pa'l baile de corte criollo,
y si *largo todo el rollo*
con ella, me sé lucir.
En Chile y Rodriguez Peña
de bailarín tengo fama:
"Cuerpo de alambre" me llama
la muchachada *gilí*.

Letra e música: Angel Villoldo (1910)

Um filme de Rodolfo Valentino, titulado *Os quatro cavaleiros do Apocalipse*, revelou-se profético, tantos anos antes do drama atual. Na sua história recente, a

Argentina foi assolada pela *Fome*, a *Guerra*, a *Peste* e a *Morte*. E o pesadelo nunca acaba.

Buenos Aires continua a mesma, embora tudo tenha mudado. Para o turista incidental é quase uma miragem, onde se misturam a **pálida** cidade, seu passado alucinado e um futuro incerto, com Gardel cantando cada vez melhor, e Discepolo vaticinando nas épocas de **mishiadura**.

O tempo passado teria sido melhor, quando os **hippies** americanos afirmavam que ***God is well and alive in Argentina?*** Ou quando, no desenho animado *Submarino amarelo*, os **Beatles** derrotavam os *malvadosos* **Blue Meanies**, e estes cogitavam para lá fugir, procurando impunidade?

Hoje, à espera do milagre austral, qualquer traço de melancolia deve ser evitado. Para não piorar, convém guardar a memória cuidadosamente, com bolinhas de naftalina. Porque o país sobreviverá, mais uma vez, ***en las buenas y en las malas***. Assim como o *lunfardo*.

* * *

Falemos, então, do tango. Toca no rádio, vende discos, aparece na TV. As pessoas ainda dançam, bem menos que em outras épocas. Era, e sempre será, o sentir típico da música urbana. Mas seu lugar de espelho da realidade foi substituído, faz tempo, pelo **rock**. A crônica do cotidiano exige eletricidade.

Uma única pessoa — Astor Piazzolla —, mudou a trilha sonora da **polis**. Sua modernidade e seus ecos nostálgicos tocaram a alma ***portenha***, com projeção internacional. Como uma ***madreselva siempreviva***, suas *notas azuis* foram a revanche do tango.

E quem canta, ***sus males espanta***? Na linguagem do **2x4**, a tradição se eterniza em cada interpretação **rantifusa**. Agora, mais do que nunca, unindo picardia e pessimismo, enquanto os argentinos continuam os mesmos. No umbigo do mundo, arcando com o ônus de sua nacionalidade, o espírito da população padece pelo secreto orgulho de ser assim, irremediável.

Nesta altura, todos podem falar à vontade. Há liberdade de expressão, depois de tantas ditaduras, e a evolução da cultura fez, do coloquialismo, uma das pilastras da *igualdade* democrática. O *lunfardo*, a voz popular, a essência ***tanguera***, alguma vez maldito, exibe hoje seu direito de cidadania. De quebra, ainda faz gozar, e de graça.

A linguagem ***maleva*** tem prevalecido na preferência dos locutores, para exprimir sua tríplice condição de *falantes*, *sexuados* e *mortais*. Aquém e além do princípio do prazer, o desejo consegue pôr a língua de fora, numa transgressão sempre profícua. Mas o triunfo sobre a censura teve vários **rounds**, alguns deles, memoráveis.

Nos primórdios, e durante bastantes anos, quem falasse em ***lunfa***, podia ser preso, identificado com os meliantes, os ***chorros***, e demais excluídos da sociedade. Edmundo Rivero, notável cantor, lembrava como, na juventude, a polícia não fazia concessões com os contraventores do idioma.

No cúmulo da estultícia, os tangos *lunfardos* foram reescritos, em perfeito e castiço espanhol, por ordem dos pudicos milicos que, no abuso do poder que caracterizou a infâmia da década de 30, queriam "salvar a pátria" sem a anuência dos cidadãos. Estes não os levaram a sério, e seguiram cantando o que lhes dava na veneta.

Antes, na primeira década do século vinte, o próprio tango era considerado blasfemo. Foi então que uma comitiva patrícia fez uma demonstração de suas habilidades no bailado para o Papa da época que, após o espetáculo tão pouco piedoso, nada objetou, dando sua absolvição e consagrando os *cortes* e as *quebradas*.

Por estas e outras, a saga firma-se cada vez mais, sem perder a ternura. Inconteste, o *lunfardo* tornou-se entranhável por ser o recurso mais eficaz para nomear o que deve, mas não pode, ficar em sigilo. Nas ruas, nos bares, nos cárceres e nas alcovas, um repertório de mais de 36.000 termos convida a seu uso, na promessa cumprida de um *mais-de-gozo* cantante e sonante. A criatividade ao alcance de todos.

A existência, quando vista pelo prisma de ironia, deixa marcas subjetivas que têm seu preço. Como o tango não é só tragédia, os argentinos merecemos algumas das piadas que o **ego** inspira. Não faz mal, sobram os anticorpos contra o mau agouro. Enquanto o país não tiver papas na língua, o *tango malandro* será bem dito.

Na *garufa* do pecado concebido, da lama à fama *y en el 2000 también, derecho viejo* e **ad finitum garuam!**

TANGO *LUNFARDO*

EL CHOCLO

Alguma vez foi discutido qual era o tango que, por sua excelência, representaria, como paradigma, o conjunto de todos os outros. O mais emblemático, o cânone do gênero. Muitos são os autores, e ainda mais os afeiçoados, que não hesitam em propor *El choclo* como o protótipo melhor acabado, o mais perfeito de todos os tangos jamais compostos. Reforçando esta opinião, valeria a pena aventar certos supostos, e aventurar algumas leviandades.

Em 1903, numa época em que as regras da etiqueta e as convenções ignoravam o tango como expressão artística, foi lançada uma música que faria história. Seu autor, Angel Villoldo, exótica figura **del novecientos**, arcou com o bônus da fama, mas também com o risco do escárnio. Sabia que não era suficiente compor uma melodia e torná-la pública. Era necessário que tivesse vida própria, para aceder a todos os estratos sociais, até ser aceita inclusive por aqueles que dirigiam o rumo da população.

Villoldo era um boêmio, músico por acaso, não por vocação. Tocava a guitarra, junto com a gaita, numa simultaneidade nunca vista antes. Um dia, perpetrou um tema musical fora de série. Percebendo seu potencial, solicitou a um amigo, regente de orquestra num restaurante da alta burguesia, que estreasse a música numa noite qualquer, para testar a receptividade do público. De cara, nada feito. Não era possível tocar um tango — na época, proscrito e anátema —, e muito menos, dizer que era isso mesmo. Villoldo teve uma idéia: por que não apresentar sua criação como se fosse uma toada **gauchesca**, uma **danza criolla**? E ainda, em se tratando de um restaurante, por que não aproveitar o ensejo, dando como título uma denominação insuspeita? Foi assim que o maestro topou integrá-la no repertório, batizada de "**El choclo**" (o *milho verde*), um dos componentes imprescindíveis do tradicional **puchero**.

A anedota narrada é a versão corrente do sucesso obtido pela música em pauta. Francisco Garcia Jimenez, no seu livro *Así nacieron los tangos*, a relata literalmente, acrescentando umas palavras comemorativas: "Damas e cavalheiros, obrigado por aplaudir a estréia de um lindo *tanguito*, que virou uma melodia imortal, e significa a sensibilidade da presença da Argentina até nos mais remotos confins". Este autor também conta que, em certa ocasião, em meio da Primeira Guerra Mundial, num longínquo extremo da Europa oriental, numa convenção de jornalistas internacionais, na hora de executar o hino nacional de cada país representado, por não ter disponível a partitura do argentino, a orquestra supriu a falta tocando *El choclo*, emocionando os presentes, na informal evocação da terra natal distante (García Jimenez, 1998).

Estes episódios fazem parte da *história oficial*. Parecem verossímeis, mas a verdade é outra, muito diferente, quase nunca lembrada de forma aberta, apenas tangencialmente mencionada nas entrelinhas profanas de algum *memorialista*. De fato, *El choclo* foi apresentado no **Restaurante Americano** em 3 de novembro de 1903, recebendo uma calorosa acolhida. Em surdina, ele já era interpretado desde meses antes no prostíbulo de *Maria la vasca*, para alegria dos fregueses proletários. Naquele lugar, batizado daquele jeito, não aludia a nenhuma elegia gastronômica. Antes, respondia pela alusão morfológica ao elemento nomeado. O referente, no caso, era menos o milho em si, e mais o duro sabugo, a espiga erguida. Assim, na origem de tudo, a função fálica deixava a sua assinatura, ainda que o recalque fosse, desde então, o destino inevitável daquela inscrição.

Os elementos protocolares do relato histórico se misturam com traços de ficção. Mas nunca passaria batida a confluência da significação do *falo* com a evocação da insígnia pátria. O *Nome-do-Pai* marcou presença, sob a égide de um termo *lunfardo* como metáfora da **argentinidade**.

PARTE I

I. *DEBUTANDO*

Para qualquer ser falante de alguma das tantas línguas derivadas do latim, o termo *introdução* indica sempre o que vem antes, ao se adentrar num assunto. Aqui também designaria o início... do começo. Para embicar direto na questão que nos interessa expor, diremos, *de chofre*, *na lata* e *na chincha*, que estamos **debutando**.

Com isso, é bem provável que nem todo mundo entenda do que se trata. Na melhor das hipóteses, apenas os habitantes de uma remota região austral do planeta saibam o que se quer dizer ao falar assim. E unicamente eles, dentre todos os usuários das locuções românicas.

Com efeito, quem nasceu, mora ou viveu no hemisfério meridional do globo, no sul das Américas, na República Argentina, na cidade da Santíssima Trindade e Porto de Nossa Senhora Santa Maria dos Bons Ares, vulgo Buenos Aires, poucas dúvidas teria a respeito. Incluindo o escriba destas mal traçadas linhas em tais categorias.

Antes de explicitar o que era e o que é, o que foi e será, convém fazer um esclarecimento. Qual é o idioma daquelas plagas? Em primeiro lugar, o espanhol, lá corriqueiramente chamado de *castelhano*. Seria a mesma coisa? E se, ainda por cima, o termo antes aludido pertencesse ao assim designado *lunfardo*?

Elucidemos o enigma, matando a charada e dando um exemplo de *lunfardia*. Para tanto, bastaria apenas saber seu bê-a-bá, escutando velhos discos, ou consultando vocabulários adequados.

Debutando vem de **debutar**, que provém de **debut**, mas também de **de bute**, que já foi **de butén**... O verbo **debutar** é, tecnicamente, um galicismo, decorrente da palavra francesa **debut**, ou seja, *estréia*. **De bute**, entretanto, quer dizer *eficaz*, *bem feito*. Origina-se no **caló** hispano, em que **de butén**, significa *ótimo*. Parece uma forma abreviada da circunlocução **de butaca**, cujo sentido coincidiria com a expressão brasileira *de camarote*, indicando *excelência*.

Nada mal para introduzir, inaugurando com qualidade. Todavia, a significância não se esgota sem mais. Há uma outra acepção, mais freqüente, contundente e safada: **debutar** é o ato mediante o qual alguém se inicia na vida sexual adulta, na consumação da sua primeira cópula completa.

Pois bem: bastaria este exemplo para pôr em jogo todas as artimanhas lingüísticas que fazem do *lunfardo* algo mais que uma forma peculiar de falar, típica dos argentinos, precisamente dos portenhos? Acrescentemos, então, um dado para funcionar como lastro histórico. Por um lado, o que parece ter sido um capítulo memorável da sexualidade de décadas pretéritas, quando muitos varões daquela cidade estrearam suas virilidades com certas profissionais do amor vindas da longínqua França, experientes em todos os prazeres, generosas e licenciosas no mais antigo dos ofícios (Carella, 1966: 129). Daí que o **debut** fosse um momento quase mítico, o encontro com o Outro sexo e com a Outra língua, materializado na figura das *franchutas*. Algo muito bom, inesquecível, um traço nmemônico gravado no imaginário coletivo, uma marca indelével na lembrança, uma presença erótica constante nas entrelinhas da linguagem.

Por outro, cabe citar aqui um livro, destacando seu titulo: *Del debute chamuyar canero*, um glossário de vozes *lunfardas* (Andrade/San Martín: 1967). Não foi o primeiro nem o único, mas sua peculiaridade consiste no fato de ter sido escrito por um detento, alguém que estava *em cana*. Como *chamuyar* equivale a *conversar, tagarelar*, o *debute* nos leva direto ao que interessa: o papo que se bate na rua, a prosa que se glosa na cafua, a fala que se *parla* na vida cotidiana. Aquilo que todos os dias é dito, mas que, em principio, foi *maldito*.

Sim, porque o *lunfardo*, a criação significante com mais de um século em cartaz, que tomou conta do dizer de um povo, constituindo um traço identificatório e assinando sua discursividade urbana, foi, na sua origem, um jargão *prostibular* e *penitenciário*. Em priscas eras, no quarto final do século XIX, começou o que hoje ainda vigora na ponta da língua. Naquela época, quem vivia às margens da metrópole e sua comunidade, não eram pessoas *de bem*. Como conseqüência, só podiam falar *mal*, gramatical e socialmente.

Mais tarde, descortinada a nova centúria, a imigração européia contribuiu com uma polifonia de barbarismos ao crisol das raças. Isso trouxe como resultado um linguajar profano, altamente disseminado e coloquial, embora repudiado por aqueles para os quais a língua materna do país devia, para todo o sempre, continuar sendo a da *Mãe Pátria*, Espanha, apesar de a Argentina já ter mais de cem anos de independência política, econômica e cultural.

Em poucas palavras, vamos discorrer sobre as vicissitudes dos habitantes de uma comarca distante, considerando a maneira única de falar, a sua ideologia vernácula. Sobretudo, daquela insígnia que foi sua invenção mor, a ser oferecida ao mundo como um dom, uma cadência e um desafio: o *tango*.

1. O *LUNFARDO* EM AÇÃO: DEFINIÇÕES E EXEMPLOS

O *lunfardo*, como fenômeno de linguagem, já foi bastante estudado, mas não o suficiente. Muitos livros foram escritos a respeito, artigos, ensaios, teses e textos acadêmicos, junto com as produções literárias que o incluem, romances, contos e poesias. Há muito para ser pesquisado. O presente trabalho será mais uma tentativa, para além dos marcos do discurso universitário. A novidade consiste na utilização de um instrumental teórico que, até agora, nunca foi aplicado neste particular: a *psicanálise* como ferramenta *semiótica*. Antes, porém, será necessário abordar questões relativas ao assunto de forma tradicional e linear. Para isso, resulta inevitável uma visita circunspecta à bibliografia precedente, e aos autores que se devotaram ao tema.

Para José Gobello, no seu **Diccionario**, o *lunfardo* seria: "a. Ladrão. / b. Jargão do ladrão **porteño**. / c. Linguagem empregada em Buenos Aires e arredores. / e. Repertório de termos que a população de Buenos Aires tomou daqueles que, nos finais do século XIX e começos do século XX, vieram com a imigração, e incorporou à sua própria linguagem com intenção festiva, trocando, às vezes, a sua forma e seu significado". Acrescenta que talvez o vocábulo propriamente dito seja uma derivação de *lombardo*, natural da Lombardia, mas com o sotaque deformado próprio dos genoveses e, ainda, com o significado de *larápio* (Gobello, 1978: 9).

Similares acepções lista Fernando Hugo Casullo no seu **Diccionario**, incluindo uma interessante citação de Amaro Villanueva no artigo *El lunfardo*, publicado em **Universidad, Revista Del Litoral**:

> "Como jargão, o *lunfardo* deixa de ser autêntico quando perde seu caráter esotérico, embora seu meio original, a delinqüência, venha a renová-lo constantemente para manter, na medida do possível, a necessária obscuridade." (Casullo, 1992: 18.)

No livro *El tango*, Horacio Salas deixa claro que:

> "... como todo o grêmio ou grupo étnico que conta, os ladrões também precisavam, no extremo do século XIX e a princípio do XX, de uma linguagem crítica para de identificá-los entre si, e que permitisse despistar a polícia ou passar desapercebida pelos incautos que queriam depenar. Inclusive, de um jargão para poderem se comunicar na cadeia sem que os guardas compreendessem. Foi assim que nasceram os termos e os giros idiomáticos especializados, originando o que se denominou *idioma canero*, ou seja, a fala dos detentos, a chave verbal dos *lunfardos*, denominação usual dos ladrões para falar deles mesmos."
> (...)
> "... contudo, nascido como língua dos malandros, o *lunfardo* foi se introduzindo lentamente na vida cotidiana dos setores sociais que habitavam os *conventillos* (cortiços). Aos poucos, foi se tornando o estilo de falar usual entre os homens, até chegar a se fusionar com o cotidiano de Buenos Aires."
> (...)
> "No entanto, como já foi dito, o *lunfardo* acabou sendo menos filho do cárcere que da imigração: os termos trazidos pela onda estrangeira foram enriquecidos aqui com outras vozes nativas, junto com o incremento da criatividade local." (Salas, 1996: 179.)

Num dos mais exaustivos tratados sobre o assunto, Mario Teruggi afirma:

> "*Lunfardo* é a denominação dada ao **argot** originado em Buenos Aires na segunda metade do século XIX e que, com inovações e modificações, forma parte da fala espontânea das massas populares daquela cidade e, em maior ou menor grau, de uma parte da população Argentina. Ainda, a influência do *lunfardo* se estende ao Uruguai; pode ser considerado, portanto, uma fala tipicamente **rio-platense**." (Teruggi, 1978: 15.)

Num livro escrito e publicado no Brasil, José Lino Grünewald assevera:

> "O *lunfardo* constitui um subsistema lingüístico gerado no meio marginal (*lunfa* significa *ladrão*), nas **orillas** em torno da europeizada Buenos Aires. Nos bairros miseráveis, juntavam-

se aos pobres os deserdados ou sem classe, ou seja, malandros, meretrizes, rufiões, veteranos de guerra abandonados pela sociedade, fugitivos da prisão e **gauchos** pobres que largavam o mundo rural em decadência." (Grünewald, 1994: 15.)

Federico Camarota, no seu **Vocabulário**, pontifica:

> "Como toda língua secreta, cada uma tem sua explicação, sendo também, por sua vez, universal. Entre nós, chama-se *lunfardo*. Do mesmo jeito que as suas semelhantes, o *lunfardo* carece de sintaxe, e é fundamentalmente metafórico, figurativo, convencional, e alegórico. Foi construído à custa das grandes correntes migratórias, segundo já foi apontado: espanhóis (com seus modismos), italianos, portugueses, e saxões (em escala menor). Ao mesmo tempo, se apropriou de vocábulos pertencentes aos primitivos habitantes: **guaranis, quíchuas**, e outros, Foi miscigenado por alguns elementos da linguagem do **gaucho** e do escravo colonial. Também a pura invenção cumpre um papel predominante, lado a lado com a mutilação, a transformação ou a adição de letras e sílabas ao idioma acadêmico. Em ocasiões, inclusive, alguma das vozes baixas acabou ascendendo e se tornado culta, quando a população lhe deu um sentido multitudinário." (Camarota, 1970: 8.)

Luis Ricardo Furlan, por sua vez, afirma:

> "Longe de construir um idioma, uma língua ou dialeto, o *lunfardo* é um repertório de vozes, um vocabulário de origem migratória difundido nos diferentes estratos do povo, enriquecido por novas contribuições. É falado no âmbito **rio-platense**, embora se estenda ao interior do país, de onde recebe, assim mesmo, incorporações variadas e pitorescas." (Furlan, 1971: 11.)

Completando essas definições, cabe consignar dois discursos competentes que, diferentes dos anteriores, não funcionam a titulo pessoal, mas como porta-vozes institucionais. No primeiro caso, segundo o verbete do **Diccionario de la Real Academia Espanhola de la Lengua**:

> "*Lunfardo*: Linguagem da gente de mal viver próprio de Buenos Aires e seus arredores e que, posteriormente, foi se estendendo entre as pessoas do povo".

Por último, e como contraponto, a formulação exata dada pela **Academia Porteña Del Lunfardo**:

> "*Lunfardo*: Repertório de vozes e modismos populares de Buenos Aires em seus começos, de caráter migratório que, ao circular pelos extratos baixos da sociedade, foi enriquecido por contribuições autóctones, enquanto algumas dos seus elementos se incorporaram à fala comum da cidade de origem e sua zona de influência cultural".

Antes de prosseguir argumentando em favor da *dignidade epistêmica* do nosso objeto de estudo, é possível dar uma ilustração do que se trata, numa exígua casuística significante. Alguns exemplos *lunfardos* servirão para mostrar as peculiaridades da sua feitura.

I. **Bobo**: Relógio.
II. **Quilombo**: a. Confusão./ b. Prostíbulo.
III. **Lungo** : Alto.
IV. **Gratarola**: De graça.
V. **Orto**: a. Bunda./ b. Sorte.
VI. **Otário**: Ingênuo.
VII. **Farra**: a. Festa./ b. Diversão.
VIII. **Pibe**: Garoto.
IX. **Troesma**: Líder.
X. **Gayola**: Prisão.
XI. **Bife**: Tabefe.
XII. **Casote**: Soco.

Eis aqui uma dúzia de palavras em destaque, tomadas em parte ao acaso, em parte de propósito, um tanto aleatoriamente, dentre as centenas possíveis. Há, porém, um projeto explícito, uma vez que se pretende, por meio delas, fazer uma demonstração de alguns dos mecanismos a partir dos quais se constitui o **lunfardo** como contra-senha, como jargão e como código.

I. Denominar o *relógio* de **bobo** teve sua origem na forma elíptica de comunicação de um certo tipo de ladrões — aqueles que roubavam nos ônibus e outros meios de transporte —, de tal jeito que a eventual vítima não percebesse estar sendo observada com muito cuidado, no intuito de lhe tirar... o relógio. Essa expressão foi cunhada numa época em que os relógios ainda não se usavam no pulso, mas no bolso do colete. Por que razão um relógio seria apostrofado de bobo? A explicação é que ele trabalha o tempo todo, sem parar e sem reclamar. Seu dono, por sua vez, é considerado também um bobo, pois os larápios o acham apto para ser expurgado de tal pertence. Aliás, com o mesmo critério alegado, o *coração* costuma ser chamado de **bobo**: labuta sem descanso, mantendo sempre o mesmo ritmo, e não costuma protestar.

II. **Quilombo** é uma palavra africana oriunda do Brasil. Tudo indica que teria a ver com as revoltas dos escravos e suas zonas livres, como foi o caso do *quilombo* dos Palmares. No **Rio de la Plata**, conotada pela ideologia dominante, acabou sendo equivalente à *bagunça* ou, pelo menos, àquilo que está fora-da-lei e da ordem. Quer dizer *desordem*. E desta forma foram batizados os prostíbulos, por serem lugares fora dos limites do paradigma da correção burguesa.

III. **Lungo** (ou **lunga**) é um termo que qualifica o tamanho, aplicável às pessoas ou às coisas. Deriva em forma direta do italiano **luongo**, indicando *cumprido* ou *extenso*, como adjetivo. Como substantivo, tem o sentido de excesso, e quando alguém estica, sem necessidade, alguma situação, se exclama *la fá lunga!*

IV. **Gratarola** significa *grátis*. Na realidade, a palavra básica é a mesma, com o acréscimo eufônico de um sufixo que só serve para tornar o vocábulo melodioso, com um leve eco que remete à Península Itálica.

V. *Orto*, termo proveniente do grego, quer dizer *reto*. Em princípio, evocaria a retidão, ou a linha exata de uma geometria precisa. Entretanto, é utilizado em referência ao intestino reto. Por conseguinte, alude à região anal, como lugar de excreção, tendo a ver com o ânus, e também, por contigüidade, com as nádegas. *Orto*, então, seria a denominação ampla de uma região do corpo humano, sede de funções especificas. *Contra natura*, e por razões até bíblicas, sua virtude erótica sempre foi reconhecida como causa de desejo e, como conseqüência, considerada **non sancta**. Ao mesmo tempo, a palavra é utilizada para indicar *sorte*. O equivalente, no Brasil, seria *ter rabo* ou, semelhante, a locução caipira *de bunda para a lua*. Estas aproximações forçam a assimilação profana entre os glúteos e a boa fortuna. *Tener orto* significaria *ter boa sorte*. Mas, em se tratando de uma mulher, o significado mais provável seria um elogio aos seus avantajados dotes anatômicos.

VI. *Otário* é uma forma depreciativa de se referir a uma pessoa que seria *tola, trouxa*. Mais ainda, *pato*, agregando não apenas a idéia de ingenuidade, como também a de *vítima*. Supõe-se que esta palavra seja importada do Chile, porque na costa do Pacífico Sul há em quantidade um certo tipo de mamíferos pinípedes muito parecidos com as focas — as **otárias** —, grandes e de movimentos torpes que, por isso mesmo, se deixam prender com bastante facilidade.

VII. Para designar uma festa, um acontecimento comemorativo ou, por extensão, uma diversão, utiliza-se a palavra *farra*. Na etimologia, existem duas hipóteses sobre sua procedência, embora há consenso em reconhecê-la como européia. Talvez derive de **farri**, um pão que, ao longo dos séculos, era consumido no Velho Mundo por ocasião de algumas festas típicas. Também parece ser uma versão abreviada de **butifarra**, um enchido de carne suína. Como o dia da matança do porco sempre foi, e continua sendo, em muitos lugares, motivo de recreio e saída da rotina, fica clara sua mensagem festiva, incitando à fartura e ao descontrole. A expressão *salir de farra* (correlativa, na versão brasileira, de *cair na farra*), apresenta um tom transgressivo e licencioso, até imoral, como se a *farra*, em última instância, sendo uma celebração, não fosse apenas da vida ou da prosperidade, e sim da sexualidade, trazendo, por esse viés, antigas ressonâncias pagãs.

VIII. *Pibe* é uma denominação genérica para se referir às crianças, aos miúdos. Provém do italiano **pivetto**, e do dialeto genovês, **pivello**. Alude aos pequenos de maneira ampla, quase sempre aqueles que não são da família. Esta variação excludente fica ainda mais crua na modalidade usada no Brasil: *pivete*.

IX. *Troesma* nada mais é que a palavra **maestro**, com as sílabas trocadas. Este termo, em espanhol, corresponde a *mestre* ou *professor*; por definição, aquele que sabe, aquele que deve ser reconhecido por sua idoneidade e sapiência. Coincide com *maestro*, aquele que rege a orquestra e que dirige a todos. Poderia, então, ser uma liderança ou um modelo, um maioral que tem pleno conhecimento do que faz. Com o mesmo critério, na gíria brasileira, seu correspondente seria *batuta*, muito mais do que *mestre*. No entanto, trata-se de um *lunfardismo* duplo. Por um lado, **maestro**, como hierarquia e respeito. Por outro, dizendo *troesma*, fica ativada uma peculiar técnica *lunfarda* — o *vesre* —, que consiste em alterar os fonemas de uma palavra, dando como resultado outra diferente. Nunca seria mais a mesma, pois falar deste jeito inclui um tanto de sorna que muda o sentido do enunciado.

X. *Gayola* é o cárcere, a cadeia, o xilindró. Aqui, tudo indica se tratar da incorporação de um lusitanismo, embora exista uma coincidência entre o espanhol e o português num termo de igual raiz e idêntica acepção: **jaula**. Alguém cumprindo uma pena ou, por extensão, privado de sua liberdade, encontrar-se-ia numa situação parecida à de qualquer animal mantido em cativeiro.

XI. *Bife* é um anglicismo, uma latinização de **beef**, denominação inglesa de *carne*. Teria sido um neologismo nos primórdios do século XX, quando a Argentina tinha a Inglaterra como freguesa principal na exportação da carne e do couro dos seus bovinos. Assim, criou-se, utilitariamente, a palavra *bife*, batizando um pedaço de carne, no tamanho certo de uma porção, suficiente para uma pessoa. De forma parecida deve ter acontecido no Brasil, onde existe um significado similar. Em *lunfardo*, porém, acabou ganhando um outro: *tabefe, bofetada, tapa*. Na gíria, seria *bifa*. Carne na carne.

XII. Ainda como uma prolongação do sentido do exemplo anterior, *casote* é sinônimo de *golpe brusco*, desde um *soco* até uma *batida*. O termo *castelhaniza* o italiano **cazzotto**. Todavia, por homofonia com **cazzo**, há uma significação sexual embutida nesta locução, dando um matiz chulo ao seu uso. Poderia ser assimilado à *porrada*.

Os exemplos alinhavados **ut supra** pretendem oferecer o panorama de um universo de linguagem particularíssimo, mirando, com precisão, um microcosmo semântico. Mais adiante, serão discutidas inúmeras questões relevantes, partindo da seguinte inquietude: o *lunfardo* deveria ser definido como um jargão? Se assim fosse, qual teria sido sua origem, sua função, e seu grupo de pertinência? Se não, e sem desmerecer a hipótese anterior, seria apenas uma *lingüisteria* decorrente da intensa imigração que fez da Argentina um viveiro de raças?

De qualquer modo, como foi que esse jeito de falar, em princípio desclassificado e marginal, passou a ser utilizado, cada vez com menor reserva, esporádica ou sistematicamente, pelo conjunto da população da maior cidade daquele país?

Tudo isto, e muito mais.

Quando as metas são modestas, elas podem ser atingidas. Mas a gloria só advém se o impossível estiver em jogo. Como as pretensões deste trabalho são enormes, a única maneira de se obter um mínimo de eficácia é conseguindo estabelecer, e deixando muito claro o teor da empreitada, e *o tamanho da encrenca*.

As coordenadas que determinam um campo discursivo específico dependem de limites, e estes costumam ter sempre uma dupla função. Aqui, demarcam o espaço da consolidação interna, e acolá, excluem e desconhecem sua exterioridade. Por isso, as fronteiras bem traçadas podem servir como uma defesa contra a desmesura, mas o preço disto será inevitavelmente a restrição do conteúdo, chegando, às vezes, a um certo arrocho intelectual.

A solução de compromisso aqui proposta consiste numa harmonia capenga entre o ato de racionar e o esforço por raciocinar. Na escuta e na leitura dos fenômenos de significação, inferimos a lógica do desejo inconsciente. A resultante do trabalho de análise norteia à interpretação.

Em primeiro lugar, algo que chama a atenção: o *lunfardo*, uma curiosidade lingüística instigadora o suficiente como para ensejar uma pesquisa. Por se tratar de um fato de linguagem, localizado na cultura com precisão, as disciplinas semióticas são de imediato convocadas para descrever a destrinçar o fenômeno.

Há coerência epistemológica na conjugação do objeto de estudo com o saber competente arrolado para tentar dar conta dele. Basta observar de perto como os elementos significativos do *lunfardo* foram, são, e continuam sendo forjados e usufruídos. Seu agente é o povo na vida cotidiana, com seu talento intrínseco no uso da língua como órgão e como folguedo. Na função utilitária da comunicação, mas também no palavreado lúdico, no exercício de um gozo unicamente acessível aos falantes. **Vox populi**, **vox dei**, sem esquecer que esta expressão tem um espírito cívico, e não teológico.

Nem por linhas tortas, dista de ser pecaminoso o recurso à psicanálise, segundo seus próprios pontos de vista, começando pela escuta. Não necessariamente o que tem que ver com a patologia, mas sim aquilo que, por ser dito em voz alta e com todas as letras, faz de um psicanalista um ouvinte treinado e alerta para o que sai do comum, o que evoca a *outra cena*. E a teoria psicanalítica comparece em seguida, como um saber sempre a disposição para tornar inteligíveis certas questões *humanas, demasiado humanas.*

O *lunfardo*, que outra coisa poderia ser senão o eco, no Outro, da metáfora do sujeito? Formulado nesses termos sofisticados, declara-se que a psicanálise a ser instrumentada é a de cunho lacaniano, aquela que se propõe ser fidedigna com as descobertas freudianas, para levá-las até as últimas conseqüências. *Na maciota* e com prudência, avancemos devagar.

O *lunfardo* é composto por um léxico **ad hoc**, e de imediato percebe-se como, no seu artesanato e montagem, participam as mesmas regras de composição que Freud descrevera em *O chiste e sua relação com o inconsciente* (Freud, 1905). A técnica do **witz**, que é também a mesma do inconsciente em todas as suas manifestações — sonhos, atos falhos ou sintomas —, é organizada numa oratória que tem, nos mecanismos da condensação e do deslocamento, seus alicerces. O produto — que pode ser chamado de *trocadilho,* de *dito espirituoso* ou de *gracejo* —, em nada difere da fala *lunfa*, *rante* ou *rantifusa*. Pelo menos, no que tem que ver com os procedimentos que determinam a significação.

Mais, ainda: Lacan, freudiano apesar de tudo, retomou, numa época específica de seu ensino, o espírito radical da descoberta do mestre vienense. Não fez isso apenas como leitor passivo, pois acrescentou à teoria psicanalítica aquilo de que ela carecia: uma reflexão sobre a função e o campo de linguagem. No Seminário V, *As formações do inconsciente*, ministrado durante os anos de 1957 e 1958, Lacan recuperou a originalidade específica da experiência clínica, salientando aquilo que costuma ser dito e ouvido, portanto, passível de ser interpretado numa análise. Ao retornar à doutrina de Freud, com a contribuição da lingüística, a atividade do sistema inconsciente foi assimilada a uma retórica. E seus modos de produção de sentido foram equiparados aos **tropos** clássicos, a metáfora e a metonímia.

Por ousado que possa parecer, seria possível afirmar, fundamentar e defender o estatuto do *lunfardo* enquanto formação do inconsciente, embora a questão possa ir alhures. Aqui, convém não misturar os referenciais, para poder fazer um bom uso deles. O *lunfardo*, como jargão, como maneira de falar, ou como código espúrio, depende do *processo primário*, conceito tirado da metapsicologia, apto para dar conta do alto grau de criatividade que lhe é característico. Longe de se restringir a uma ocorrência isolada, não poderia ser apenas patrimônio de alguém, ou exclusividade de poucos. Pelo contrário, funciona como o dizer coletivo de uma entidade plural que, mesmo não podendo ser circunscrita, inscreve as mesmas determinações significantes em qualquer sujeito singular que dela faz parte.

Daí que o presente trabalho, híbrido e mestiço, acabe extrapolando os limites da psicanálise em intenção. Na extensão dela, a contribuição dos saberes que lhe são compatíveis permite a abordagem de tudo o que não tem cabimento no espaço reduzido da intimidade de um consultório. O inconsciente, agora a céu aberto.

2. HIPÓTESES, ARGUMENTOS, JUSTIFICATIVAS

Por enquanto, só é possível o rascunho de uma síntese do que será desenvolvido a seguir. O ponto de partida é a atual República Argentina, alguma vez colônia, no processo civilizador das Américas, por alguns séculos. Espanha era a metrópole, desde o descobrimento até o momento em que, a partir de 1810, foi deflagrada a dura epopéia da independência. Esse objetivo foi atingido ao longo do tempo, no âmbito político, na esfera econômica e nas manifestações culturais, embora a influência espanhola tenha se mantido como uma presença constante.

A língua dos argentinos foi, desde sempre, o espanhol. Alhures, a distância da Mãe Pátria facilitou a deturpação de sua pureza, com o acréscimo de regionalismos e indigenismos. A intensa imigração européia trouxe para o **Rio de la Plata** mais espanhóis, um grande contingente de italianos, e membros de outras nacionalidades. Foi aí que o idioma local ficou, de certa maneira, permeável às influências forâneas (Teruggi, 1978: 88).

A estas conjunturas, devem se somar todas as vicissitudes da estruturação social, da organização urbana e da estratificação das classes. A dominante, o proletariado e o lumpesinato. Muito mais tarde, foi-se constituindo uma classe média, de uma forma específica dentro daquele contexto.

Numa análise sociológica da realidade histórica, poderia ser esquematizada uma série de contradições fundamentais:

Metrópole *x* Colônia
Imperialismo *x* Nação
Capital (porto) *x* Províncias (interior)
Civilização *x* Barbárie
Burguesia *x* Classes baixas
Bem falantes *x* Mal falados
Centro (da cidade) *x* Bairros (periferia)
Espanhol *x* Castellano
Castelhano *x* **Lunfardo**

As últimas duas contradições focam o epicentro de um conflito. O espanhol falado nas margens do Plata não é igual ao falado na Península Ibérica. Comporta, além do previsível sotaque alternativo, inúmeras palavras locais, inexistentes no original. O uso das funções pronominais é distinto, e por este viés aparece a peculiaridade que diferencia os *hispanofônicos* europeus dos americanos. Trata-se do denominado **voceo**: enquanto na Espanha o apelo ao interlocutor se exprime por meio do pronome da segunda pessoa do singular — **tú** —, na Argentina tal vocativo virou **vos**, na forma apocopada do **vosotros** castiço. Só este tema, fundamental e extenso, mereceria um estudo específico. Apontemos somente a diferença entre as duas línguas. Isto é, façamos questão de afirmar que, de fato, não é uma só e a mesma, senão duas e independentes. E o nome próprio da **rioplatense** é **castellano**, isto é, *castelhano*.

Assim, admitindo que os argentinos falam de outra maneira, precisa ser contemplado, depois do contraponto *espanhol-castelhano*, aquele que opõe este último e o **lunfardo**, no que diz respeito à fala circunscrita aos habitantes da cidade de Buenos Aires, os ***porteños***.

Esses conflitos e solidariedades, estas continuidades e mudanças, correspondem a uma reflexão a ser feita na alçada de uma *história social da linguagem*. Esta disciplina disporia de um discurso poderoso o bastante como para dar conta do recado, considerando um ângulo não apenas sociolingüístico, como também uma perspectiva etnográfica da comunicação. No entanto, sem deixar de lado tal abordagem, tão importante, mas longe de exaustiva, acrescentaremos logo mais uma visão psicanalítica ao assunto.

Não houve descontinuidade na procura de uma identidade nacional, construtora do senso de patriotismo. A longa caminhada para constituir as insígnias do país não se esgotou na criação de seus emblemas: bandeira, hino, brasões. O patrimônio mor, o bem dizer, fazia parte do espólio. A língua-mãe da colonização foi tomada por assalto. O povo, que queria se ver livre da metrópole, primeiro expulsou seus representantes políticos. Depois, paulatinamente, foi sedimentando sua individualidade como nação por meio de um estilo peculiar na maneira de falar, de forma soberana.

Este seria o ponto umbilical da inserção da psicanálise no presente ensaio. Em particular, o conceito lacaniano de *alienação*, embora integrante de outros discursos — como o filosófico, o político etc. —, é o pivô que permite pensar seu correlato, a *separação*, o processo que leva à independência, e à afirmação de uma subjetividade peculiar.

3. Um jargão inconsciente

Segundo o historiador inglês Peter Burke (Burke e Porter, 1996: 8), a palavra *jargão*, datada da época medieval, teria raiz provençal. De início, era usada para se referir a qualquer fala ininteligível. Espalhando-se pelas línguas européias, seu significado foi mudando, até ser equivalente a *gíria*, um certo tipo de linguagem do submundo, recursos da comunicação entre ladrões para ocultar suas intenções das potenciais vítimas, ou da polícia.

Com o passar do tempo, a validade do termo ganhou outras dimensões, podendo significar *linguagem especial*, quando se tratava do código de uma corporação, ou de um grupo de pessoas que se dedicava à mesma profissão. Assim também eram denominadas as *línguas francas*, aquelas que, em zonas e regiões de fronteira, permitiram o entendimento e o comércio entre membros de etnias e culturas pouco similares.

Na atualidade, como objeto de estudo de disciplinas convergentes, como seria o caso da lingüística e da sociologia, é considerado um *socioleto*, neologismo derivado de *dialeto*.

Além das acepções e usos elencados, cabe uma conotação genérica para os jargões em geral. Via de regra, por múltiplas razões simultâneas, um sentido pejorativo é atribuído a esse jeito de falar. No contexto histórico, o termo foi forjado para indicar que a linguagem, de quem assim se exprimia era incompreensível, quase um gargarejo. O ilustre antecedente disto deve ser procurado na Grécia antiga, pois os helenos desprezavam a todos aqueles incapazes de falar bem o grego, começando pelos estrangeiros, que apenas conseguiam produzir alguns sons ridículos, como *ba, ba*. Esse teria sido o motivo da palavra *bárbaro*.

Restou como saldo a má fama dos jargões, decorrente da qualificação de seus usuários, das suas atividades, ou de suas características pouco nobres. Como conclusão, a recíproca sempre foi verdadeira, bastando, em certos ambientes, que alguém utilizasse um jargão qualquer para ser desconsiderado ou segregado.

O *lunfardo* reúne todos esses itens, e pode, por tabela, ser incluído na categoria dos jargões. No final das contas, ele nasceu da fala dos malfeitores, estivessem eles livres para prejudicar o próximo, ou na prisão, castigados pelos crimes. O prostíbulo também foi seu berço esplêndido e, agindo sem pudor como *calão*, nomeou o que a moral e os bons costumes não queriam ouvir. Durante décadas sequer foi levado em consideração, no máximo, censurado e eliminado do horizonte dos pacatos citadinos.

Todavia, o problema parece ser outro, desde que o dito até agora, por mais verdadeiro que seja, não explica seu destino histórico. Afastado cada vez mais das raízes, permeando insidiosamente o dia-a-dia da cidade, espalhando-se por todos os setores sociais, ele se tornou, aos poucos, a forma trivial de se comunicar no cotidiano, não apenas entre marginais.

O fato concreto de que, nos dias de hoje, o *lunfardo* continue sendo uma marca significante indelével dos argentinos, ou pelo menos, dos *portenhos*, permite retomar a questão desde outro ângulo: como foi que uma linguagem marginal se tornou um traço distintivo da identidade nacional? Que racionalidade, que legitimidade, que licenciosidade fez com que fosse absolvida, e logo consagrada?

Para poder avaliar se uma língua está viva, ela precisa ser usada e não esquecida. Uma vez que seus termos podem ser usufruídos, é condição **sine qua non** que seu acervo seja incrementado pela inclusão de novos elementos, em maior ou menor grau, numa proporção sempre superior àqueles que caem em desuso (Carvalho, 1987).

A criatividade espontânea seria a norma, e o acréscimo de vocábulos inauditos não fugiria das maneiras típicas de produção de sentido. Então, tendo como pedras basais e molas propulsoras os efeitos conjugados da metáfora e da metonímia, deparamo-nos com tudo aquilo que faz da palavra uma presença ativa no fado dos sujeitos por ela determinados.

A linguagem cria o mundo, nomeando as coisas que assim se perdem enquanto tais, já simbolizadas. Faz do falante um ser autônomo, mas o aliena de um jeito irremediável. Provoca, como conseqüência, uma divisão no psiquismo humano que, desde Freud, recebe a denominação de *inconsciente*, por Lacan definido como "o significante em ação".

Numa espécie de tautologia, ou petição de princípio, a linguagem seria exeqüível como causa do inconsciente, e este, no seu funcionamento, organizar-se-ia segundo ela. Sem saber, quem fala é falado, pois sempre diz menos do que pensa e mais do que queria. Nunca é possível saber por completo de que jeito foi escutado o que se queria dizer, pois quase nunca se pode saber com certeza o alcance e a significação das palavras proferidas (Souza Leite, 1992).

Estas e outras tantas articulações, concentradas numa frase lapidar:

> "A função e o campo da linguagem são as condições do inconsciente, que se estrutura com ela e para além dela: suas formações, tanto as típicas da psicopatologia quanto as invenções da poesia, são da mesma linhagem e costumam apresentar um grau de originalidade que supera, de longe, o cálculo e a premeditação." (Idem.)

Entendido não como código, e sim como um sistema de ditos e criações extemporâneas, o *lunfardo* participa de um palavreado que não se restringe a um repertorio prévio, senão a um exercício constante de lábia e significância. Até certo ponto, seus frutos podem ser assimilados às formações clássicas do inconsciente, veiculando, como elas, o trânsito por uma *via régia,* rumo a *outra cena...*

Para encerrar a **introductio**, avancemos sucintamente na hipótese central deste trabalho: na distinção e superação da *língua materna*, o **lunfardo** sempre teve uma finalidade específica, ainda que não assumida de forma consciente. Nos percalços da saga de uma nação, teria sido uma *língua paterna*, isto é, um aval da inserção simbólica de seus habitantes, condôminos de um mesmo idioma. Como conseqüência, uma certa idiossincrasia teria sido o ônus de tal sina.

II. A ARGENTINA

A República Argentina é o país mais austral do continente americano. Seu território é enorme, apenas menor que o Brasil, o maior do continente. Comporta diversas paisagens altamente diferenciadas. Grande parte da sua extensão é plana, além de incluir montanhas e desertos, muitos rios, extensa costa e plataforma submarina. Aquela paisagem que costuma ser denominada como **la Pampa** ocupa praticamente a totalidade do país, sendo composta de regiões diversas. A meridional é chamada de **Pampa Húmeda**, um dos lugares mais férteis do planeta, cuja terra negra, vastamente irrigada, permite o sucesso de todos os plantios, e também amplíssimas pastagens, bastante apreciadas pelo gado de variadas espécies.

A outra região é chamada de **Pampa Seca,** por ser árida e muito diferente da anterior, embora plana e retilínea. No sul, têm planaltos de paragens desertas, que recebem o nome genérico de **Patagônia**. Os **Andes** começam na parte superior do mapa, e chegam até a inferior, destacando altos picos com neves eternas. A borda oriental do território é uma longitude quase infindável de costas e praias, desde o estuário do **Río de la Plata** até o estreito de Magalhães, um dos pontos mais extremos do continente. Os países vizinhos, que constituem um marco para o território nacional, são: ao leste, o Uruguai; ao norte, o Paraguai e a Bolívia; acompanhando a cordilheira, no Pacífico, o Chile. O Brasil situa-se na parte nordeste da Argentina, mantendo apenas um pequeno contato fronteiriço.

A cartografia, tão magnânima, tem, em termos de geografia humana, uma peculiaridade, determinante de sua ecologia populacional: a capital, na desembocadura do **Plata**, sempre concentrou a maior parte dos seus habitantes. Na atualidade, considerando que os argentinos somam uns 36 milhões, quase a metade deles mora ou na cidade de Buenos Aires, ou nas regiões que a contornam. A outra parcela está disseminada pelo resto do país, criando uma notória desproporção demográfica.

Alta concentração de pessoas, de um lado, e enormes extensões, do outro. A superfície da república está dividida em províncias. Cada uma delas tem capitais bastante desenvolvidas, com vida própria, e aspectos culturais e econômicos autônomos. Apesar disto, a capital federal permanece, em outras épocas e ainda hoje, como o centro nevrálgico do país. Não deveria surpreender, ao ser lembrada a maneira como foi descoberto, povoado, colonizado e, mais tarde, constituído como nação.

Os espanhóis chegaram, pelos idos de 1500, nas terras americanas, embrenhando-se no novo continente aos poucos, procurando riquezas e tudo aquilo que na metrópole escasseava. De uma parte do mundo nunca antes conhecida, tudo era esperado. Assim que os primeiros **adelantados** arribaram no **Río de la Plata**, acharam que aquilo não parecia com o mar, ou qualquer oceano interior. De fato, naquela bacia desembocam dois grandes rios, o Paraná e o Uruguai, formando um estuário. Adentrando nela na procura de riquezas, chamaram-no, pela lógica da cobiça, de **Plata**.

Prata era aquilo que eles queriam. Pensavam que nessas terras encontrariam fartos minérios, metais nobres, e fortunas de todos os quilates. Numa das etapas da epopéia, fundaram um povoado, apenas um enclave, para iniciar uma *entrada*, com o intuito de conseguir tudo o que a natureza teria para oferecer.

1. FUNDAÇÕES

A primeira fundação de Buenos Aires foi um fracasso, porque os verdadeiros habitantes daquele lugar — os índios **guaranis** —, não gostaram nem um pouco da petulância dos recém-chegados e, num contra-ataque fulminante, acabaram com eles e também com a pretensão de estabelecerem uma cabeça de praia. Pedro de Mendoza, o chefe da expedição, foi morto e manducado junto com a tripulação, e nada restou dessa tentativa primeva. Quatro décadas mais tarde, um outro capitão espanhol, Juan de Garay, arribou na região, seguindo os passos do seu predecessor, e também fez o possível para fincar ali a semente de uma urbe, com melhor sorte.

O atracadouro de **Santa Maria de los Buenos Aires** foi estabelecido e, se num primeiro momento não passava de uma aldeia, mais tarde virou uma **grande aldeia** e, por último, a cabeça do país.

Desde o começo, seu porto era diferente de qualquer outro, onde os barcos ficavam um tempo, para depois continuarem suas rotas. Buenos Aires não foi nem um porto seguro, nem um ponto intermediário no caminho para outras latitudes. Pela sua localização, sempre foi um porto de chegada. Os europeus arribaram com suas naus, e lá estavam os índios, moradores desde sempre. De cara, o contato entre as duas civilizações não foi nada tranqüilo. Para organizar a conquista, foi necessário avançar não só ganhando terreno, como também eliminando os habitantes naturais. Tudo isto levou bastante tempo; enquanto isso, a cidadela foi sendo construída (Escardó, 1966).

2. RAÍZES

Os espanhóis não ficaram apenas naquela *estaca zero*, pois entraram no território, tentando descobrir e desbravar tudo o que achavam que tinham direito. Menos por curiosidade ou pelo espírito de progresso, e mais pela ganância inerente às falências e às carências de sua terra natal. Somada, uma idéia alucinada de que, no chamado Novo Mundo, as riquezas seriam fáceis e disponíveis para os que chegassem primeiro. A realidade comprovou que as coisas não eram bem assim. Os espanhóis queriam ouro e prata, mas nada disso havia no território argentino. Encontraram enormes extensões de terra, incluindo os índios que, apesar da resistência oferecida aos invasores, foram sistematicamente dominados, precisando recuar cada vez mais para o sul.

A empreitada espanhola fundou Buenos Aires numa margem do rio; na outra, Montevidéu. Nos primeiros tempos, os territórios que hoje compreendem o Uruguai faziam parte da Argentina, e seu nome era **Banda Oriental**. Subindo pelo rio Paraná, os **colonizadores** chegaram numa localização onde fundaram Asunción, mais tarde, a capital do Paraguai. Não foi apenas do lado do Atlântico que eles avançaram. Vindos do norte da América Central, entraram pelo Pacífico, ocupando territórios que seriam países no futuro: Venezuela, Colômbia, Peru e Chile.

O tratado de **Tordecillas** ou **Tordesilhas**, que foi a partilha das terras americanas entre os espanhóis e seus competidores portugueses, fez com que a enorme extensão do Brasil ficasse fora da influência dos primeiros. No entanto, o conjunto das colônias espanholas em certo momento, isto é, nos séculos XVI, XVII e XVIII, comportava uma proporção muito grande do continente americano. Cada uma das cidades implantadas seria um pólo de atração política e, a seguir, sede dos **Virreinatos.** O rei era o soberano de todas as comarcas, ainda que, em cada uma delas, o governo que o representava dependesse de um **Virrey**. Assim foi no Peru, no Chile e na Argentina que, durante dois séculos recebeu o nome de **Virreinato del Río de la Plata**. Quando os espanhóis perceberam que as abastanças do lugar não dependiam da mineração, e sim das possibilidades que a fitogeografia oferecia, começou a exploração sistemática da região. Logo trouxeram algumas vacas e bois que, uma vez soltos e criados de maneira natural, em pouco tempo se multiplicaram, formando gigantescos rebanhos espontâneos. Dessa maneira teve início o que ainda hoje continua sendo um dos principais patrimônios argentinos, a pecuária.

Aquela terra preta irrigada e muito fértil permitia safras extraordinárias, do que era autóctone, como o milho, e do que os europeus trouxeram, no caso do trigo. Em determinado momento, na Argentina os rebanhos abundavam, os cereais cresciam e, se havia alguma coisa que não parecia um problema iminente, era a satisfação de uma necessidade primordial, a alimentação.

Como novidade importada, os espanhóis trouxeram para América os escravos, vindos da África. Isso aconteceu porque, nos primórdios, precisavam de mão-de-obra fácil, barata e disponível e perceberam logo que os índios não serviam para trabalhar, pois não gostavam, não suportavam e se revoltavam com muita facilidade. Foi preciso contar com a energia dos negros acorrentados que, sem maiores restrições, já circulavam por aí, na América do Norte e Central. O tráfico humano associava portugueses e ingleses, lucrando com tal comércio inumano. Os escravos foram para Buenos Aires desde o século XVII. Eram utilizados por seus patrões brancos para as mais variadas tarefas; diferente de outros lugares, não foi necessário mandá-los para os plantios. As características da região platina não permitiam o cultivo da cana-de-açúcar, incentivado no Brasil, nos países de Centro-América, e nas ilhas do Caribe. A escravidão não era tão imprescindível, como foi naquelas localidades. Por sua vez, o clima fez com que os africanos não conseguissem se manter vivos de forma salutar, fora de um ecossistema parecido com o original. A população negra foi dizimada em pouco tempo pelo frio do **Plata**, e sua temperatura invernal.

Nas primeiras décadas do século XIX, ainda havia muitos deles, mas só nas casas de família, recebendo um tratamento bastante humano. Ao contrário de outros lugares, não precisavam se esforçar na mina nem na roça. A população de Buenos Aires era constituída por europeus, quase todos espanhóis, e por escravos. Entre brancos e negros havia uma distância tão grande que a junção das raças, como uma realidade, parecia impensável. Mais tarde, aos poucos, foram chegando os degredados que, na Europa, não tinham sorte nem vez. Junto, aportou uma certa quantidade de judeus, mimetizados como "cristãos novos".

A civilização invasora tomou contato com os índios do lugar de forma violenta. A própria lógica das entradas e bandeiras exigia, cada vez mais, a ocupação do território e o controle dos habitantes. Isso foi acontecendo por meio da força, e pela catequização religiosa. A promiscuidade entre a raça européia e a raça americana resultou na mistura e na mestiçagem. Na prática, foi a grande contribuição genética do novo continente.

Nos três primeiros séculos, já era possível perceber o que mais tarde seria a estratificação da sociedade. Por um lado, a população branca, os descendentes dos europeus, morando na capital, donos de um certo nível de cultura e sofisticação. Por outro, os habitantes da terra, os descendentes de índios ou mestiços, que moravam fora da capital. Os que viviam longe de Buenos Aires, de maneira genérica, dependendo da época e das circunstâncias, foram chamados de **pajueranos**, e também de **cabecitas negras** (Germani, 1955).

3. APETITES

Os colonizadores não tinham outro ideal que não fosse a exploração indiscriminada. Constatando as dificuldades para a organização dos seus domínios, abriram sucursais da matriz. Terras longínquas tiveram governos dependentes da monarquia central, com os **virreyes** governando em seu nome, e os cidadãos, súditos do monarca, e fiéis a sua augusta pessoa.

A Espanha, depois de uma série de guerras e revéses, contava com as riquezas coloniais. Alguns lugares, como a Bolívia ou o Peru, forneciam o ouro e a prata que enchiam as burras da casa real. Do **virreinato cisplatino** vinham os impostos gerados pela circulação das mercadorias no porto local. Com o passar dos anos, as pessoas foram sentindo que aquelas taxas eram imposições desnecessárias. Foi-se criando, aos poucos, um ambiente de inconformismo e de revolta que, mesmo levando décadas até se consolidar, propiciou a aparição de um espírito de autonomia em relação ao poder central.

Os argentinos, por vários séculos subordinados à coroa, pagavam tributos e recebiam suas diretivas. Os usos e os costumes praticamente eram os mesmos da corte, refletindo a completa dependência cultural. A estabilidade do modelo acabou quando a história do Velho Mundo foi perturbada pelas *guerras napoleônicas,* abalando o Novo.

4. Independência

Depois de longas discussões, os habitantes de Buenos Aires acabaram declarando um primeiro governo pátrio, descolado do regime espanhol. Foi o primeiro ato da formação de uma nação, em 25 de maio de 1810.

Até chegar-se a essa data, muita coisa tinha acontecido. Em 1806 e 1807, respectivamente, a Inglaterra, em guerra com a Espanha, tentou apoderar-se de suas colônias, e foi bem sucedida em algumas ilhas do Caribe. Na hora de atacar Buenos Aires, nas duas oportunidades, as tropas britânicas foram repelidas. Não por um exercito formal, e sim pela plebe, que conseguiu evitar a invasão, lutando com unhas e dentes. Esses episódios deixaram nas pessoas um sentimento de coragem, orgulho e onipotência. O espírito da coletividade, junto com o descontentamento dos impostos a serem pagos, levaram a uma reviravolta política e a um primeiro governo pátrio. Foi declarado que o **Rio de la Plata** não seria mais um protetorado de ultramar.

Começou então uma saga que levaria, décadas depois e após todas as vicissitudes, à constituição de uma nação, e à proclamação de uma república. A Assembléia reunida em 1813 dispôs uma série de questões de absoluta importância para o futuro do país. Para começar, foi abolida a escravatura. A chamada "lei do ventre livre" determinou que todos os nascidos de pais escravos, a partir daquela data seriam considerados livres. Foi extinta a pratica da tortura, eliminando as penas e punições ao estilo da inquisição. Também acabou com o **mayorazgo,** tradição hispânica pela qual a herança de qualquer família caberia exclusivamente ao filho mais velho de sexo masculino.

A Argentina vindoura queria ser, por completo, liberada de qualquer elo com o passado. A metrópole, como era de se esperar, não demorou na reação. Suas tropas desembarcaram em terras americanas com o intuito de restaurar a ordem e recuperar aqueles domínios que presumiam ainda lhes pertencer.

Durante anos, aconteceram batalhas e guerras, acarretando, como resultado inevitável, que os espanhóis tivessem que voltar para casa, e os americanos, de uma maneira ou de outra, tomassem conta dos seus próprios destinos. Em 1816, na cidade de Tucuman, foi declarada formalmente a independência. Nunca mais seria aceita a subordinação anteriormente vigente. A partir desse marco, havia um país a ser construído, e uma identidade nacional que devia ser definida.

No entanto, organizou-se um exército, com a finalidade de evitar que os antigos opressores reconquistassem os antigos domínios. O general Jose de San Martin foi seu grande condutor, e os primeiros enfrentamentos com os inimigos aconteceram em solo argentino. Mais tarde, atravessou a cordilheira dos Andes com seus homens, para libertar o Chile. Em seguida, formou uma esquadra e, pelo mar, chegou a Lima, fazendo o mesmo com o Peru.

5. Capital *vs.* Províncias

Passada essa época, alguns problemas foram resolvidos, e outros novos foram criados. Tão logo os antigos senhores foram expulsos, e a questão da soberania colocada em cheque, o maior problema passou a ser uma guerra civil entre Buenos Aires e as províncias. A futura capital era, indiscutivelmente, o ponto mais importante do polígono de forças, mandando no resto das cidades. As províncias, dotadas de uma certa autonomia, não prescindiam de uma referência central, mas tampouco estavam dispostas a substituir a hegemonia espanhola por uma outra, agora local, mas também dominante. Durante três décadas de guerra fratricida, o conflito de interesses se concentrou entre os chamados **unitários** e os **federales**. Essa terminologia pode confundir, pois os segundos é que queriam Buenos Aires como epicentro político. Os unitários, por sua vez, apesar do paradoxo de sua denominação, insistiam nas autonomias provinciais em função de uma idéia básica de descentralização e livre arbítrio. Tamanha confusão favoreceu a aparição de uma autoridade absoluta que tomou o poder, estabelecendo, ao longo de muitos anos, uma ditadura centralizada. A figura em questão chamava-se Juan Manuel de Rosas. Proclamando-se cabeça da nação, por praticamente duas décadas arbitrou da sorte e da liberdade dos argentinos. A tensão gerada por essa tirania durante esse longo período, provocou um levante das forças libertárias, as quais só em 1851 conseguiram vencer o tirano, na batalha de Caseros. Depois dessa data, a Argentina começou a mudar, não mais sob a liderança de um único personagem. O passo seguinte da derrota do caudilho foi a convocatória de uma assembléia soberana que elaborou a primeira constituição, em 1853.

Os movimentos coerentes depois de destituir a ditadura foram substituí-la por um governo democrático, consolidar as instituições, determinar regras autenticamente federativas e, como corolário de tudo isso, proclamar a republica. Isto aconteceu na ultima quarta parte do século XIX. No ocasião, a denominação escolhida para tal acontecimento foi de **Republica Argentina**.

6. A República

Muitas delongas prefiguraram esse momento histórico. O que começou como uma filial de uma potência estrangeira, acabou se firmando **per se**. Em seguida, fez o necessário para se transformar num país de verdade, tendo nome, emblemas, insígnias, e uma identidade própria. No entanto, quando se chegou a esta altura dos acontecimentos, já resolvidas uma porção de contradições, nem todas as coisas estavam no devido lugar. Por exemplo, Buenos Aires, antes e ainda depois, não foi apenas o ponto inicial, como também o lugar inevitável onde seria sediada a capital. A contradição entre esta localidade e as outras cidades, ou seja, a dialética entre o porto e as províncias, os *portenhos* e os provincianos, os unitários e os federais, ainda subsiste, de maneira mais ou menos explícita ou, às vezes, veladamente.

Na tentativa de se criar uma cidadania, todo o possível foi feito, e muito mais. Não era difícil perceber a enorme discrepância entre a exígua quantidade de pessoas que povoavam o território e o tamanho deste. Foi assim que, de um jeito altamente pragmático, foi aberta e estimulada a imigração. Sobrava espaço, faltava gente. Na Europa, a situação era o oposto: havia muitas pessoas, e escasseavam as oportunidades. A partir das duas últimas décadas do século dezenove e as primeiras do vinte, muitos dos que, no velho continente, não tinham muitas chances, migraram para o cone sul, com o intuito de "se dar bem", isto é, prosperar e ser feliz. A Argentina era um lugar onde a prosperidade seria viável, e a fome não era um problema. A carne era abundante, talvez de forma até exagerada, em comparação com o resto do planeta. Mas também tudo o que a terra dava nunca deixou ninguém com a barriga vazia. Em princípio, parecia um lugar de fartura e promissão, e "fazer a América" não era apenas uma expressão, mas uma realidade almejada porque exeqüível. Durante muito tempo, a Argentina forneceu comida para outros povos, e o dinheiro em troca foi muito bem-vindo para poder construir um estado moderno, à altura dos seus congêneres. Os governantes, durante bastante tempo, consideravam a Europa como modelo. Foi assim na implantação dos meios culturais, das instituições e do ensino superior. E as exportações trouxeram as reservas necessárias para consolidar esses projetos.

7. O Centenário

Em 1910, ou seja, cem anos depois do primeiro governo pátrio, o mundo inteiro cumprimentou a Argentina pela sua vitalidade e participação, embora incipiente, no concerto das nações. Na comemoração do **Centenário,** os presentes internacionais foram provas de como se considerava aquele país como parte da civilização ocidental e cristã.

Por tudo isso, a República transformou-se num pólo migratório alvissareiro. Membros de diversas etnias vindos de várias partes do globo achavam que essas terras seriam o lugar propício para se viver em paz, e muito bem. Em particular, os europeus que vieram antes e depois da Primeira Grande Guerra. A Argentina parecia ser o lugar em que a felicidade estaria ao alcance de todos. A humanidade tirava o chapéu para esse jovem país onde a pecuária e a agricultura permitiam um bem-estar impensável em outros lugares.

8. A imigração

Mas a história nunca dorme, e a tragédia fica sempre à espreita da experiência humana. A Primeira Guerra Mundial deslocou enormes contingentes populacionais, que aportaram procurando um lugar pacífico e próspero. Foi assim que muitos espanhóis e italianos tiveram Buenos Aires como ponto de chegada, e muitos deles se adentraram no solo pátrio. Nas primeiras décadas do século vinte, era um lugar que oferecia possibilidades bem melhores que a Europa (Matamoro, 1997).

Então, aconteceu a crise de 1929. O **crack** da economia capitalista, que começou naquele ano nos Estados Unidos, espalhou-se pelo resto do mundo de maneira avassaladora. A Argentina tinha, até aquele momento, uma economia que não era independente dos grandes fluxos de capitais da época. Quando, no começo do século XIX, ficou livre da Espanha, foi, aos poucos, tentando obter uma verdadeira autonomia econômica. Contudo, a relação de intercâmbio entre os bens da terra e os produtos manufaturados, vindos de fora, foi se deteriorando até acontecer uma defasagem enorme na balança internacional. A Inglaterra, que já tinha tentado tomar conta da praça pela via das armas, nas frustradas invasões, conseguiu, muitas décadas depois, impor uma relação de vassalagem, em termos estritamente comerciais. Eis aqui um exemplo: como na Patagônia faz muito frio, o clima é propício para a criação de ovelhas. A lã destes ruminantes, nascidos naquele confim, era exportada para o Reino Unido que, desde a Revolução Industrial do século XVIII, possuia as melhores condições técnicas para processá-la e devolvê-la na forma de tecidos, obrigando os argentinos a pagarem mais pelas roupas, mesmo sendo a matéria-prima deles. O **gaucho** era **criollo**, e seu **poncho**, *made in England* (Hernández Arregui, 1964).

9. A "DÉCADA INFAME"

Uma série de situações políticas e econômicas nefastas persegue a consolidação nacional até os dias de hoje. Se a Inglaterra foi o primeiro país com quem foi preciso estabelecer relações de subordinação financeira, mais tarde seriam os Estados Unidos. A crise de 29, apesar de prejudicial para a vida americana, acabou resolvida, em grande medida, quando impingida aos países dependentes. Na Argentina, tal impacto durou bastante tempo, e o período a partir de 1930 foi chamado de "década infame", coincidindo, pois aquele período coincidiu com uma situação bastante deficitária em termos de investimentos, empregos e circulação de dinheiro, com uma reviravolta no sistema governamental. Entre a declaração da República e os anos trinta, foram se sucedendo os governantes, vários deles com políticas mais ou menos nacionalistas ou nem tanto, mas sempre adequados ao jogo democrático. Não por acaso, os efeitos da *débâcle* mundial coincidiram com uma revolução militar que suspendeu, desde então, as liberdades cívicas. O desemprego e a situação precária da república, de uma forma ou de outra, foram conseqüência da penúria norte-americana. Tudo isso poderia ser pensado como a extensão inevitável das mazelas do capitalismo, agora exportadas, na sua etapa superior, como imperialismo. A partir de um certo momento, a hegemonia do capital ianque fez com que as nações dependentes ficassem atreladas às vicissitudes do que acontecia em **Wall Street**. De fato, a crise de 29 degringolou a ordem mundial. A "década infame" foi um tempo em que não havia nem pecúnia, nem trabalho, e muito menos prosperidade, além de pouca liberdade. Aproveitando as circunstâncias, os militares tiveram a chance de se apropriar do destino da civilidade, estabelecendo uma ditadura venal, que duraria muitos anos, e teria sido permanente, não fossem os acontecimentos que alteraram o rumo das coisas, no além-mar. No Hemisfério Norte, quando começou a se desenrolar aquilo que seria o caminho para a Segunda Guerra, o capitalismo internacional se defrontou com uma situação difícil de ser manejada A Alemanha determinou, pela força das armas, as novas regras de jogo geopolítico. Como resultado, iniciou-se uma conflagração na qual muitos países entraram, incluindo não apenas aqueles do Velho Continente, como também da América do Norte. A Argentina, por razões próprias, fez o possível para se manter à margem, preservando uma certa neutralidade. Essas razões tinham um nome próprio, e também seria a denominação histórica daquele período: peronismo.

10. O PERONISMO

Foi ficando evidente o carisma político de Juan Domingo Perón, para o bem ou para mal, um verdadeiro ícone da **argentinidade**. Sua presença surgiu na cena institucional deu-se num momento determinante, com as características próprias de um militar demagogo, pontificando-se como salvador da pátria, devotado aos trabalhadores, com um discurso populista e a pretensão de se firmar internacionalmente no equilíbrio entre o capitalismo e o comunismo.

Décadas mais tarde, ficou provado que Perón e o movimento por ele deflagrado tinham bases e influências fascistas. Porém, nos anos 40, o peronismo passou a ser, pretensamente, uma "terceira posição", dando espaço a um nacionalismo exacerbado que fazia, do operário, o personagem central de uma nova ordem. Antes de chegar à presidência, Perón dirigiu a Secretaria do Trabalho, onde conseguiu desenvolver um clientelismo que teve franca aceitação por parte dos estratos mais desfavorecidos da população. As pessoas o enxergavam como uma figura redentora, capaz de redistribuir a renda, oferecer emprego, e transformar o país numa potência emergente.

O ano de 1945 foi um marco, pois, coincidindo com o final da guerra, a Argentina começou, por fim, a progredir. Não tinha participado do conflito, mantendo a abstenção até as últimas conseqüências, mas sem deixar de participar da balança comercial, vendendo trigo e carne aos aliados e recebendo, como pagamento, enormes quantidades de ouro (Luna, 1969).

À medida que Perón foi galgando os degraus do poder, o governo da época tentou impedir seu avanço. Foi então destituído do cargo, e colocado na cadeia, na ilha de Martín García. Sua mulher, Eva Duarte de Perón, convocou as massas para resgatá-lo, e ele foi solto em 17 de outubro daquele mesmo ano de 1945. Voltando do cárcere e aclamado pelos populares, a estrada para a presidência ficou aplainada e fácil.

Empossado no cargo, Perón patenteou o que chamou de "justiça social", ou seja, uma posição intermediária entre o capitalismo e o socialismo, em que o estado mediava as relações entre a classe dominante e os trabalhadores, numa certa medida, favorecendo estes últimos. Por sua vez, o estado era suficientemente rico como para incentivar obras públicas, abrir frentes de trabalho e, de forma acelerada, incentivar a sindicalização e os serviços sociais.

Em pouquíssimo tempo, a população, na sua grande maioria, aceitou que Perón fosse tudo, desde governante eleito até o líder proclamado, capaz de velar por todos e cada um. E ainda por cima, não apenas ele, como também a senhora sua esposa. Juntos, compunham um casal paradigmático, como pais da nação, e colocaram a totalidade dos seus habitantes no lugar de filhos bem-tratados.

Foi possível, naquela conjuntura, que o estado pudesse dar um pouco de prosperidade a cada cidadão. Quem sabe, fosse viável efetivar tanta ajuda pública e bem-estar social. Mas isso foi realizado com uma finalidade estritamente proselitista. A vontade peronista de se eternizar no pódio sempre foi mais do que evidente, mas isso não foi empecilho para que grande parte dos argentinos se sentisse beneficiada, dando-lhe seu apoio incondicional.

11. A "LIBERTADORA"

Como toda ação gera uma reação, o que se convenciona chamar de **oligarquía vacuna**, apelido dos quatrocentões proprietários de terras, junto com os setores mais elitistas e retrógrados das forças armadas, em especial, a Marinha, somados à influência dos Estados Unidos, que achavam até certo ponto perigoso o peronismo, tudo isso, enfim, com o passar dos anos, foi se consolidando como uma oposição acirrada ao regime hegemônico.

Com a morte de Evita, em 1952, o presidente ficou numa solidão que o levou, incontinenti, à categoria de tirano. Os *contreras* foram se organizando, e depois de um outro esforço frustrado de derrubar o presidente, no seu segundo mandato consecutivo, conseguiram, em 1955, o êxito da autodenominada "**Revolución Libertadora**". Novamente, e agora pela imposição das armas, a burguesia que, durante algum tempo ficara longe das esferas do poder, voltou triunfante, para segurar outra vez as rédeas da economia. Perón foi deposto, precisou fugir e, desde então, por quase vinte anos, exilou-se em Madri. A Argentina ficou nas mãos dos militares que, logo, entregaram o governo a um civil, por eles indicado. Mas a transição democrática não foi muito tranqüila porque o peronismo tendo sido proscrito por vários anos ficou impedido de participar de qualquer eleição. Mesmo assim, a democracia foi estabelecida. No começo da década de 60 (Sebreli, 1965), falava-se em desenvolver o país, explorar suas riquezas naturais de um jeito racional, e ocupar merecido lugar no foro internacional. Mas isso tampouco durou muito. Por volta de 1966, outra vez os **milicos** tomaram o "mando". Seguiu-se uma ditadura, até os primeiros anos da década de 70. Enquanto isso, Perón, no desterro, continuava dando as cartas da política local. Primeiro, por meio de seu partido, inicialmente proibido, e mais tarde legalizado com o nome de **Justicialismo**. Ao mesmo tempo, favorecia o crescimento de uma guerrilha destinada a impedir que a ditadura ficasse sossegada no controle do aparelho estatal.

12. O "Proceso"

Em 1973, os militares precisaram recuar. Propiciaram eleições livres e, depois de muitas negociações, foi possível que Perón voltasse ao país, e se candidatasse, para ser eleito e presidir um governo que, mesmo tentando recuperar o viço populista dos velhos tempos, cada vez mais apresentou um posicionamento de centro-direita.

No entanto, a guerrilha, tanto a peronista como a de extrema esquerda, ia ganhando maior volume. A primeira, os **Montoneros**, radicalizando aos poucos e entrando em contradição com as diretivas do partido oficial, e a segunda, de cunho trotskista, o **Ejercito Revolucionário Del Pueblo.** Durante um par de anos, a situação política foi altamente caótica. Ao mesmo tempo em que o governo era peronista e esforçava-se, com Perón ainda vivo, para manter uma fachada de legalidade, a subversão, com suas ações constantes, e freqüentes, pretendia criar uma situação revolucionária. No ínterim, os militares, impacientes e ressentidos, começaram uma repressão sistemática que desembocaria, em 1976, num outro **cuartelazo**, com a conseqüente implantação de uma ditadura sanguinária, depois de derrocar quem tinha ficado na presidência após a morte do caudilho, sua segunda esposa, Isabel Martinez de Perón.

Assim foi deflagrado o denominado "**Proceso de Reconstrucción Nacional**", que duraria até 1983. Nesses anos, a Argentina viveu o pior período, recente ou pretérito. A nação foi amordaçada, sob o pretexto de exterminar a sedição. A operação repressiva durou anos, cruel ao extremo, e deixou o saldo sinistro de 30.000 desaparecidos, e quase um milhão de argentinos expatriados. O álibi era salvar a pátria do comunismo. Para isso, tudo era válido. Na realidade, tratava-se de uma jogada muito bem planejada para se apropriar da coisa pública, eliminar aqueles que poderiam se opor ou denunciar os desmandos, roubar o que fosse possível, e leiloar o resto.

Os militares foram bem-sucedidos, graças ao sadismo com que massacravam e ao medo que impunham. O terror permitiu que mantivessem o mando, ao mesmo tempo em que, financeiramente, tudo parecia melhorar. Na aparência, pelo menos, o poder aquisitivo, do dia para a noite, aumentou de forma inesperada. Só mais tarde viria o ônus. Naquela época, havia dinheiro sobrando, pelo simples motivo de o país estar sendo vendido à vista. Tempo depois, quando a conta chegou, acabou a *plata dulce*, o dinheiro fácil, e os argentinos amargaram uma das mais graves recessões jamais vividas.

13. A democracia

De forma cumulativa, a insatisfação popular fez com que as juntas militares precisassem encontrar maneiras eficazes para se eternizarem no comando. A última grande cartada foi a guerra das Malvinas. Estas ilhas, apesar de descobertas e colonizadas pelos europeus, seriam argentinas, pois se encontram na plataforma continental, dentro das 200 milhas marítimas de soberania territorial. Contudo, desde a metade do século passado, estavam nas mãos dos ingleses, que defendiam sua posse. A reinvidicação, por via diplomática, nunca dera certo. Aproveitando o impasse, os militares, em 1982, as invadiram para recuperá-las. O intuito era seduzir as massas, para apoiá-los e legitimá-los na permanência ditatorial, unindo-se a eles numa cruzada nacionalista. Aliás, foi assim que aconteceu, e a euforia popular, de início, parecia não apenas aprovar a ação beligerante, como autorizar o governo de fato. O revide inglês não tardou e, depois de algumas batalhas, terrestres e náuticas, os argentinos tiveram de capitular. Os britânicos recuperaram o domínio do arquipélago e, desde então, nunca mais ficaram dispostos sequer a cogitar a possibilidade de negociar o que consideram da sua estrita pertença.

O fracasso da guerra das Malvinas fez com que o governo militar caísse no descrédito. Não demorou muito, talvez menos de um ano, até ser impreterível a convocação do povo às urnas, para depois de quase oito anos de arbítrio, entregar outra vez a República aos seus legítimos representantes. De lá para cá, aconteceram várias eleições, e os presidentes foram civis. Um dos últimos se dizia peronista na sua ideologia de base, apesar de manipular estratégias neoliberais que pouco ou nada tinham a ver com qualquer laivo justicialista, ou coisa que o valha. Muito pelo contrário, na última década, a Argentina entrou na órbita da globalização mais canhestra, alinhavando-se sem críticas com os Estados Unidos, privatizando seus recursos e regredindo à época anterior às conquistas sociais.

No plano político, os primeiros governos civis livraram a cara dos militares assassinos, por meio das leis de *Obediência devida* e *Ponto final*. Os donos da pátria, mais uma vez, tentaram que não se fizesse distinção entre os vencedores e os vencidos, para passar desapercebidos. Mas, como o genocídio e a tortura são crimes contra a humanidade que não têm prescrição, nenhuma anistia será suficiente para eximi-los da responsabilidade que lhes cabe perante a justiça penal.

14. A economia é o destino

O patrimônio celeste e branco precisa ser conferido pelo prisma econômico. Da fundação de Buenos Aires até as guerras contra a Espanha, a Argentina dependia completamente dela. Produzia aquilo que a terra oferecia, e precisava importar tudo da Europa. Por sua vez, parte da sua riqueza era recolhida pela coroa espanhola em caráter de tributos e impostos. Depois de declarada a independência e superada a condição colonial, o país buscou formas de autonomia, que não tiveram sucesso, pois os capitais estrangeiros, em especial os ingleses, mantiveram-no numa posição subordinada. O que não deu certo pela força foi conseguido, mais tarde, quando o mercantilismo compensou o fracasso das armas.

Perto de 1900, as mercadorias manufaturadas eram compradas dos ingleses a um preço superior ao do comércio agropecuário, e assim continuou ao longo do século. Com o incremento das exportações, o país foi recebendo muito dinheiro, concentrado nas mãos de poucos, apenas da classe dominante. Aquelas poucas famílias que possuíam campos e rebanhos recebiam as divisas, para em seguida ir gastá-las na Europa. A prosperidade nunca do povão, mas da oligarquia. A situação, depois dos anos vinte, piorou com a crise de 29. Nesses tempos, além dos interesses saxões, começaram a se manifestar os ianques, cada vez mais. Depois do **crack**, não apenas a economia norte-americana ficou muito ruim, repercutindo no resto do mundo. Na Argentina, o efeito imediato foi um recuo maior que todas os anteriores, do qual foi possível sair a duras penas, pela venda de alimentos na época da guerra possibilitando a conseqüente recuperação do tesouro nacional. Mas sempre foi de praxe a captação de empréstimos forâneos, que levaram, cronicamente, ao crescimento exponencial da dívida externa. Em princípio, precisava-se do dinheiro vindo de fora para promover as melhoras estruturais necessárias. Porém, como as classes abastadas estabeleciam conchavos com o capital apátrida, o país ia ficando cada vez mais penhorado. O resultado foi não apenas uma tendência recessiva maximizada, como também a queda do padrão de excelência de vida naquele espaço físico que, em alguma vez, foi tido como privilegiado pela natureza.

Para concluir, vale resumir a sorte argentina como uma melancolia que tem sua razão de ser, pois os tempos de antes, sem dúvida, foram bem melhores. Muito sangue correu, muita *guita* — *grana* — foi desvalorizada e malversada, e muitas esperanças perderam sua motivação otimista. Talvez um dia, novamente, aquela terra possa ser um horizonte de grandeza, para recuperar seu lugar de direito, como *a reserva moral do Ocidente*. Até lá, a luta continua, *cuesta abajo*...

III. BREVE HISTÓRIA DO TANGO

Tango... Como definir tudo o que este termo implica? Tarefa, no entanto, imprescindível para o presente trabalho, pois o *lunfardo* seria impensável sem ele. A recíproca poderia não ser cem por cento verdadeira, já que existem inúmeros tangos isentos de qualquer referência *lunfa*. A empreitada, nada impossível, dista bastante de ser fácil, perante a pergunta arguta, preto no branco: o que é o tango?

Alguma vez Louis Armstrong afirmou que se alguém precisasse perguntar o que era o **jazz**, jamais poderia chegar a entender cabalmente do que se tratava. Seria exagerado supor algo parecido para o tango? Ainda mais, quando um dos seus máximos expoentes, Enrique Santos Discepolo, não se esquivou de dar uma descrição exaustiva: "É um pensamento triste que se dança" (Sábato, 1968: 11).

Para começo de conversa, deveria ser dito que o tango é uma dança. Fora isto, e como correlato, teria de ser considerado em termos musicais, ou seja, como um gênero específico. Como costuma ser cantado, acrescenta-se uma questão textual, as letras, e tudo relacionado: a voz, o canto, o ritmo e a dicção.

Mas, por que seria um pensamento, e ainda, triste?

1. ORIGENS E MARGENS

O tango, em princípio e em definitivo, é a vibração subliminar de Buenos Aires, a trilha sonora da cidade, o sentir de seus habitantes, ontem e hoje. Nunca teria existido fora do contexto *portenho*, seu nicho original. De lá partiu, certa feita, para conquistar o mundo. Em outras épocas, sua estampa foi tão grande, que agora parece desbotada, mas nunca perdida.

Nos idos do novecentos, apresentou-se como um produto híbrido. O porto da cidade, recebendo as novidades de além-mar, acolheu melodias vindas da Espanha — o **tanguillo** andaluz —, e das colônias; por exemplo, Cuba, de onde veio a **habanera**. Elas se misturaram com os sons da terra, em particular com a **milonga**, e o tango foi o produto final. Os que estudam sua gênese costumam discutir o jeito como teria acontecido tal síntese, e quase todos concordam admitindo que a influência negra teria sido determinante. No passado, os negros, já libertos, além de nunca benquistos, eram sempre caso de polícia. A segregação social fez deles algo assim como exilados internos, que só podiam se reunir em lugares afastados para comemorar suas festividades e bailes. Em tais lugares, o tambor fazia ecoar a pulsação africana, e as danças e coreografias eram bem distintas daquelas dos brancos, que só imitavam as européias (Salas, 1997: 50).

Esses locais situavam-se nas margens da cidade, nos arrabaldes, nas *oriyas*, onde o perímetro urbano acabava, confundindo-se com o campo. Naquela região limítrofe, os que chegavam da pampa, os *gauchos* e os *arrieros*, entravam em contato com os pretos e com todos os tipos de elementos, meliantes, prostitutas e marginais em geral. Essa fauna humana seria o caldo de cultivo do tango. Antes, a miscigenação produziu um outro rebento, a *milonga*. Na origem, era música, copla, e maneira de cantar. Os caipiras tocavam-na em suas guitarras, com malícia, e o que caracterizava este produto autóctone não era nenhum sentimento telúrico, mas a cadência negra. Permeando as notas musicais com seu molejo especial, a *milonga* foi, aos poucos, tornando-se cada vez mais campeira, apesar de ter sido, inicialmente, irmã do *candombe*, um gênero baseado na percussão.

Aqueles espaços incluíam os prostíbulos e as casas de tolerância. Nessa cenografia, o tango foi parido. Muitos eram os que queriam um instante de prazer, mesmo pagando. As pessoas que freqüentavam tais estabelecimentos, em particular aqueles que não tinham oportunidade de arranjar uma mulher por outros meios, compareciam em peso (Carella, 1966). Os imigrantes perfaziam uma grande parte desta clientela, os solteiros, e mesmo os casados, com suas esposas longe, na terrinha. Eram muitos fregueses todos os dias, e o número aumentava bastante nos finais de semana. As *profissionais do amor* trabalhavam sem parar para dar conta da demanda, mas eram poucas, se comparado seu número com o contingente dos necessitados. Daí que a espera inevitável fosse parte do programa, e largas filas se formavam fora dos denominados *quecos*. Alguns incorporaram um improvisado bar, para servir os que aguardavam sua vez. Em certo momento, para ajudar a passar o tempo, alguém teve a idéia de colocar um grupo informal de músicos com o intuito de animar o pessoal. Foi então, dadas as condições, que o tango nasceu (García Jimenez, 1998).

2. MÚSICA E DANÇA

Tudo começou com uma música empolgante, que célere atingiu o gosto popular. Era uma flauta, um violão, um acordeão. De vez em quando, mudava a configuração do grupo: podia ter também uma harpa, um violino e, em casos muito especiais, um piano. Estas pequenas orquestras tocavam *música típica*; a freguesia apreciava, e pedia mais e mais. As melodias convidavam à dança e, como seria óbvio deduzir, os primeiros casais que rodopiaram no compasso daqueles sons eram formados pelos clientes e as mulheres de *vida fácil* que desempenhavam o *triste ofício*, todos nus e suados. Mais tarde, os pagantes voltavam para seus bairros e moradias e, às vezes, quando queriam reproduzir tais bailados, não tinham outro remédio senão se conformar com o possível: no caso, homem com homem, sem nenhuma conotação pejorativa.

Décadas se passaram até que o tango fosse aceito pela sociedade. Sua origem prostibular condenava-o, e sua coreografia era a prova insofismável da licenciosidade, tanto da sua procedência, quanto das intenções dos que queriam se aproveitar do ritmo para esfregar o próprio corpo num outro qualquer. Havia, ademais, um antecedente cultural: muitos anos antes, a corte espanhola tinha banido uma outra dança vinda das colônias americanas, a **chacona**, por considerá-la imprópria. Agora, tratava-se de uma africanização da **mazurca**, que tampouco seria aceitável pelas pessoas de bem, temerosas de Deus. Assim, na alvorada do século XX, os pacatos cidadãos sabiam da existência do tango; podiam, inclusive, ter uma enorme curiosidade a respeito, mas era quase impensável que alguém de boa família pudesse, alguma vez, dançá-lo sem compromisso.

No entanto, acabou acontecendo que, apesar de malvisto e pior considerado, saiu da segregação urbana que o confinava às margens. Devagar, sem nunca retroceder, foi se espalhando até o centro da cidade, o núcleo citadino, reservado e preservado pela burguesia.

Cabe, a esta altura da exposição, estabelecer a etimologia do termo. Nisto, o consenso diverge. Pela lógica, a influência africana seria o caminho para procurar sua materialidade *sígnica*. Com efeito, muitos autores acreditam tratar-se de uma derivação de ***tambo***, voz que decorre de *tambor*. ***Tocá tambó!*** Os exaltados convivas daqueles bailados profanos de paganismo exacerbado assim incitavam os músicos a dar o máximo de si, batendo no couro e acelerando o ritmo. Por um deslizamento fonético, teria virado primeiro ***tocá tango***; depois, simplesmente, *tango* (Grünewald, 1994: 9; Salas, 1997: 34).

Essa hipótese é bastante plausível. Mas não seria sensato desestimar outra incidência lexical, em função de certa coerência parabólica em termos de significação. Trata-se do verbo latino **tango - is - ere - tetigi - tactum**, que pode ser traduzido por *tocar*, *apalpar*, *manusear*; ou ainda, *estar contíguo*. Por extensão, também é usado no sentido de *corromper* (uma mulher). Como é provável a impossibilidade de se saber a verve etimológica da palavra, tudo indica que pode ter havido um enxerto histórico entre um significante vindo do universo negro, e um significado próprio da ideologia branca. **Tango**, entretanto, consagrou-se como a palavra que, tornando os sinônimos desnecessários, designava a estética de um novo mundo de costumes, de pertinência e, por sobre todas as coisas, de desejo. Foi usada, pela primeira vez, em 1870, quando apareceu em um jornal, e admitida nas diversas edições do dicionário oficial da Real Academia Espanhola da Língua, em cuja versão de 1984 consta:

> **Tango**: *(Voz americana) m. Festa e dança de negros ou de gente do povo em alguns países da América. / 2. Dança argentina, difundida internacionalmente, de casais entrelaçados, forma musical binária e compasso de quatro por quatro. / 3. Música daquela dança e letra que se canta.*

3. DE POMPEYA AL CENTRO

Foi assim que o tango viu a luz, e seu berço foi plebeu em alto grau, saindo dos *puteiros* para cair, em seguida, no gosto das classes baixas e, depois, da classe dominante. Sua música era envolvente, sua coreografia, sensual, sua aura, transgressora. Não demorou até ser cantado, expressando o sentimento de seus entusiastas. Como não poderia deixar de ser, as letras dos tangos mais antigos tinham conotações sensuais diretas, algumas tácitas e outras, quase explícitas. Por exemplo: *La lora* (assim eram chamadas as meretrizes); *Dame la lata* (ou seja, dar o dinheiro obtido no exercício da sexualidade venal, provavelmente ao cafetão); *Dos sin sacar* (*duas sem tirar*) etc. No entanto, os anos foram se passando e, enquanto a realidade ia ficando cada vez mais complexa, a preferência da população fez do tango uma unanimidade. O processo de aceitação durou bastante, e foi avançando por meio de negociações e formações de compromisso. Assim, no tocante à dança, aconteceu o seguinte deslocamento topográfico: primeiro, era possível na periferia, depois, nas esquinas e só em alguns bairros, apenas entre homens. Mais tarde seria aceito, não sem reticências, em algumas casas de família, por ocasião de comemorações íntimas. Nos anos iniciais do século, no meio do bosque de Palermo, próximo do mais nobre logradouro da cidade, existia um lugar de diversão chamado "Hansen", mistura de restaurante com casa de espetáculos, onde foi permitido que o tango tivesse a sua chance. Em termos de divertimento consentido, a etapa seguinte seria atingir o centro e, dali, ter as portas abertas para o resto da comunidade. Aconteceu, mas não sem repressão. Foi necessário criar duas versões para a dança: a original, com *cortes y quebradas*, cujos movimentos e requebros não ocultavam uma mímica pouco dissimulada do ato sexual. E o denominado *tango de salão*, a maneira bem-comportada e quase recatada de dançar aquela música convidativa, pagando o preço de esquecer alguns dos meneios mais provocadores, mantendo sempre os corpos a uma distância prudente.

A música, ao contrário, foi ficando cada vez mais elaborada, bem tocada e sofisticada na sua criatividade. Foi incorporado um instrumento que acabaria sendo algo assim como a alma da melodia: o *bandoneón*, um tipo específico de acordeão vindo da Alemanha. Sem frescuras, recebeu as boas-vindas, para dar consistência ao som, para todo o sempre acrescentando a melancolia característica de seu timbre.

4. O *LUNFARDO* NO TANGO

O percurso literário do tango merece um rápido comentário. Num primeiro momento, parecia apenas uma melodia cujo destino era balançar os corpos e, no melhor dos casos, para assobiar com descontração. Pouco depois, agenciou textos cantáveis e transformou-se num meio de expressão legítimo e autônomo. A partir de então, foram compostos tangos de todos os tipos: românticos, dramáticos, humorísticos, comentadores dos costumes ou da política, filosóficos etc. As versões primitivas, aquelas ousadas, maliciosas e de duplo sentido, foram, aos poucos, relegadas à esfera privada, porque publicamente, nos lugares de espetáculo e, mais tarde, através das ondas radiofônicas, a boa educação tomou conta do permissível. O que era bem-visto ou até aplaudido? Aquilo cujo conteúdo não ofendesse nem a moral nem os bons costumes, ou aquilo que estivesse sendo expresso de maneira correta, segundo os usos e regras do bem-falar? Como é evidente, uma coisa e outra são indissociáveis. Como contraposição, merece ser registrada aqui a incidência implacável da *lunfardia* no universo **tanguero**.

O tango e o *lunfardo* têm idêntica origem, social, cultural e ideológica. O dizer peculiar do povo não poderia deixar de permear as suas criações, ainda que estas últimas tivessem de ser adaptadas e domesticadas para poder evitar a interdição. Por isso, ao longo de várias décadas, foram escritos tangos de todos os estilos e teores, que tiveram maior ou menor sucesso. Alguns continham termos *lunfas*, outros não, e todos faziam parte de um cânone comum. Apesar do tango ter sido integrado e oficializado, o mesmo não aconteceu com o *lunfardo*. Prova disso foi a censura governamental que, numa das tantas ditaduras militares padecidas pelos argentinos, exigiu que os tangos *lunfas* fossem reescritos, substituindo as palavras heréticas por seus equivalentes dicionarizados e pasteurizados. Os cidadãos, longe de se incomodarem com a interferência do estado na cultura popular, acharam a maior graça, e a pretensão de moralizar a língua foi objeto de chacota. As medidas ditatoriais não foram levadas a sério, e o povaréu teve pelo menos um motivo esdrúxulo para rir em tempos de cólera.

5. Apogeu e decadência

A fama do tango começou a ser desfraldada para além de sua terra natal. Circunstâncias históricas e econômicas ajudaram a fazer, de uma produção escusa, uma presença mundial. Em 1910, completando cem anos do primeiro governo pátrio, início da epopéia da independência, a República Argentina viveu dias de glória. As exportações agrícolas não só eram bem recebidas em alguns países europeus, porque necessárias, como também outros itens, por exemplo, o tango. Isso foi possível graças a uma série de coincidências: por um lado, a oligarquia rural, enriquecida com a venda da matéria-prima, costumava gastar suas fortunas em Paris. Em virtude do esbanjamento e do alto poder aquisitivo, os argentinos eram muito bem tratados na Cidade Luz e, quando levaram consigo alguns intérpretes daquela música inaudita e sua exótica dança, a repercussão foi enorme. Por falta de melhores alternativas, ou pela própria aura sedutora, o tango, acabou virando não apenas moda, como também estilo de vida, e um jeito privilegiado de representar a realidade.

A jovem nação de escassos cem anos de existência formal foi saudada pelas grandes potências, e a festa do Centenário contou com suntuosos presentes vindos de todas as partes do globo. Tudo fazia pensar, então, que a Argentina era uma parte da Europa sediada, quase por acaso, na parte sul do continente americano. O tango, sua invenção emblemática, era seu cartão de visita, e sua declaração à praça: dos arrabaldes ao centro, logo, ao mundo inteiro. O vigor daquele país não parecia ter limites.

Mas a violência, parteira da história, iria se encarregar de inibir a expansão daquele figurino de elegância e fruição. A Primeira Guerra Mundial pôs fim ao século XIX, e mudou a humanidade para sempre. Depois, tudo ficou diferente, e o tango, que antes ocupava o centro das atenções, foi sobejamente despejado para dar lugar a novas bossas, outras modalidades de viver e relacionar-se. Sua influência na cultura ocidental nunca foi por completo esquecida e, ainda hoje, podem se escutar os ecos da sua presença em vários continentes.

6. Presente e futuro

Na Argentina, o percurso do tango foi retilíneo e uniforme. Aquilo que começou como uma forma marginal de expressão foi irreversivelmente tomando conta dos corações, das mentes e das almas. Justiça seja feita, o tango, embora atingindo a população do país como um todo, sempre fez mais sentido para aqueles que moravam na capital. De fato, a gente do interior, campônios e descendentes dos índios e dos **gauchos**, tinham outras músicas e danças para apreciar e identificar com seus valores.

Numa progressão constante, o tango ganhou cidadania, e cresceu em todos os sentidos. Começando com apenas um trio mambembe, paulatinamente acrescentou outros tantos, até virar orquestra, cujo auge foi nas décadas de 30 e 40. Naquele tempo, o tango reinava, e sua sonoridade era potencializada pela soma dos músicos que tocavam juntos e afinados. A *orquesta típica* contava com um piano, um par de violinos, vários *bandoneones*, contrabaixo, guitarra, além de um ou mais cantores. Era comum que se apresentasse em cinemas, festas e bailes, nos finais de semana. Durante muitos anos, os argentinos viveram na melopéia do tango, a única dança que despertava o interesse, e o único tipo de música que valia a pena. O crescimento da indústria fonográfica e o desenvolvimento da radiotelefonia consolidaram uma preferência nacional inconteste (Sierra, 1997).

Como toda e qualquer exaltação, a partir de determinado momento, foi inevitável o declínio. Tal decadência pode ter sido conseqüência da Segunda Guerra, e da invasão da influência ianque na cultura internacional. Outros ritmos, outras danças, outras representações de mundo ganharam terreno, e o tango foi, aos poucos e inevitavelmente, relegado a um certo ostracismo. A vida foi mudando porque a história não era mais a mesma, e tudo devia ser reinventado a partir de uma nova realidade. De lá para cá, o tango só não desapareceu de forma definitiva porque sempre teve seguidores fieis, zelosos na preservação da memória de sua época de ouro, guardiões das tradições e do sentir popular. Sem dúvida, seu período de glória já foi, mas o reconhecimento deste fato não impede que ainda continue vivo, com surtos de vitalidade sazonais que fazem com que sua atualização seja sempre uma excelente notícia, tanto para os nostálgicos e melancólicos, quanto para os apreciadores da boa música.

IV. CARLOS GARDEL
O IDEAL DO EU DE UMA NAÇÃO

Seria quase impensável e, com certeza, incompleta, qualquer reflexão sobre a cultura da Argentina, considerando o papel preponderante que o tango ocupa nela, que não considere o lugar privilegiado de Gardel na constituição do imaginário *criollo*.

Carlos Gardel, Charles Gardés, nome de batismo, foi um cantor popular, cujo enorme sucesso se estendeu por bastantes anos, até sua trágica morte. Essa afirmação é verdadeira, porém oculta mais do que revela. Na realidade, Gardel, muito mais que um mero artista da canção, pelas razões que serão apontadas, teria sido e continuaria sendo a expressão máxima de um paradigma ético e estético que cativa, sem solução de continuidade, os argentinos de ontem e de hoje.

Aquilo que se apresenta como um determinado acontecimento cultural — a persistência de um ídolo na memória coletiva, também acarreta um certo enigma: quais seriam os motivos que levariam alguém aclamado numa época pretérita a continuar tendo êxito tantos anos depois, tantas décadas após sua desaparição física? Mas isto não seria tudo, desde que seus apreciadores contemporâneos, insatisfeitos com sua ausência, e apesar da devoção profana de um verdadeiro culto a seu respeito, são capazes de afirmar, em alto e bom som, tanto quanto possível, que *"cada dia canta mejor"*...

1. *ANDÁ A CANTARLE A GARDEL!*

Alguém já morto poderia cantar cada vez melhor? Como enfrentar esta aporia? Nada impede considerar aqui uma incidência daquilo que Freud definiu como **verleugnung**, o modo de defesa distintivo da estrutura perversa, no tocante ao *fetichismo*, e que costuma ser traduzido como *recusa da realidade* ou, de modo mais preciso, como *desmentido*. Segundo os percalços do complexo de Édipo, arrematados pelo complexo de castração, a sobredeterminação de alguns sujeitos permite que constituam seus destinos libidinais de um jeito diferente do resto dos mortais neuróticos. Assim, ao custo de ter o psiquismo cindido irremediavelmente na chamada "divisão do eu no processo de defesa", resultaria possível sustentar julgamentos contraditórios e simultâneos, em que idéias antitéticas seriam passíveis de coexistência, sem se anularem mutuamente, como de praxe. Até certo ponto, todo mundo parece ter um pouco disso. No caso específico que está sendo comentado, tal operação mental deveria ser considerada mais como uma potência grupal que individual. Ao mesmo tempo, muitas são as pessoas que, sem perder o contato com a lucidez, ainda assim são capazes de sustentar crenças que não condizem com a própria realidade.

Gardel, então, cantaria cada dia melhor. Mas não porque as modernas técnicas de reprodução do som fariam com que suas antigas gravações analógicas pudessem ser atualmente escutadas com maior fidelidade, ou até de um jeito inaudito. Se assim fosse, sua voz seria reverenciada e com razão. Mas, pela lógica da "recusa" anteriormente mencionada, e agora elevada ao patamar de um pluralismo exacerbado, o lugar-comum serve para encobrir o fato de ele não estar entre nós há sete décadas. Como se ainda estivesse vivo, sua imagem é incensada. Num automatismo quase delirante, seria necessário desmentir a concretização de sua morte prematura, numa estratégia fantástica para se evitar uma feição melancólica de caráter letal.

Apenas para confirmar esta atitude singular, tão semelhante a uma alucinação para muitos, caberia relatar um recorte anedótico do dia-a-dia *portenho*: no cemitério, no mausoléu onde jazem seus restos, uma estátua de metal eterniza sua prosápia, representado-o de corpo inteiro, com seu sorriso indelével e seu porte fantasmagórico. Muito bem: não adianta que o arremedo antropomórfico seja apenas isso, um simulacro. Há quem sempre ache que ele está ali, na verossimilhança do corpo presente, eternizado no frio material do boneco mortuário. Este, cuja mão estendida repete um gesto típico do modelo, é bem provido o tempo todo, pois sempre alguém coloca um cigarro aceso em sua mão, como se, assim fazendo, o espírito aludido pela sua figura fosse satisfeito numa de suas mais conhecidas vontades, pelo menos quando ainda fazia parte deste mundo. A designação dessa insensatez diz tudo, quando é referido como *"el bronce que rie"*.

2. A SAGA DO MITO

A hagiografia, com certeza, começou muito antes. Filho de mãe francesa e de pai incerto, Carlos Gardel poderia ter nascido tanto em Marselha, como alguns afirmam, quanto no Uruguai, como outros defendem. Pouco importa, pois, chegando em Buenos Aires, e ali se fixando, converteu-se num típico elemento urbano. Sua infância foi, se não paupérrima, pelo menos tão limitada quanto as possibilidades de sua mãe, que ganhava a vida lavando e costurando para fora. Mesmo assim, conseguiu estudar e, na adolescência, foi cedo atraído pela vida boêmia, começando a cantar em lugares públicos, e obtendo devido aplauso por suas qualidades interpretativas (Grünewald, 1994).

Para começar, eram valsas, polcas, músicas do campo, **canzonetas**. Aos poucos, foi acedendo ao tango, gênero musical pelo qual seria louvado. Nos idos das primeiras décadas, Gardel cavou a merecida fama em noites e mais noites de cantorias e serenatas, bem ao gosto de uma platéia cativa que espalhou sua reputação pela cidade toda. O passo seguinte seria gravar discos, numa época em que a indústria fonográfica era novidade, mas nem por isso algo inexpressivo. Ao contrário, com a comercialização da vitrola, tornou-se viável, em cada lar, escutar-se aquilo que seria impossível de ser ouvido de outra maneira, por ser apenas acessível a quem freqüentasse alguns lugares pouco recomendáveis.

Em pouco tempo, Gardel fez um estardalhaço incomensurável. Lançava discos, cantava no rádio, fazia apresentações quase que diárias nos cem bairros *portenhos*, participava da vida social, apostava nas corridas de cavalos, era fotografado, dava entrevistas, assinava autógrafos. Numa carreira em alta, sem recuos nem altibaixos, Gardel começou a viajar, levando seu talento e o tango para além da região *rioplatense*. Assim, fez sucesso na França, na Espanha, nos países centro-americanos, mas não nos Estados Unidos, pela incompatibilidade da língua e do marco referencial. No entanto, foi ali que deslanchou a fazer filmes, e estes foram bem recebidos no mundo todo, com maior repercussão nos países de língua hispana. No período entre a aclamação pública e sua morte, a figura de Gardel parecia tomar conta do Ocidente, por mérito próprio, como embaixador da Argentina, quer dizer, do tango, produto de exportação por excelência.

Por estas e outras, de maneira coincidente, Gardel teria sido o protótipo do amante latino, mais eficaz que Rodolfo Valentino na capacidade impertérrita de cativar as massas fazendo uma promessa cinematográfica de volúpia transcendental. Com efeito, sua voz, seu olhar e seu sorriso atravessaram as fronteiras e seduziram milhões. Foi então que a tragédia ocorreu. Em 1935, no ápice do renome e da demanda internacional, num trajeto entre Medelin, Colômbia, e Buenos Aires, o avião que o transportava explodiu, por motivos nunca bem esclarecidos, e sua biografia teve um ponto final. Talvez não, considerando sua fama **post mortem**.

Dizer que Gardel permaneceu na lembrança de seus contemporâneos e na imaginação de seus sucessores só porque cantava bem, seria uma verdade apenas parcial. Outros, antes e depois dele, também agradariam e marcariam a memória de todos. Ele conseguiu mais do que isso: transformou-se num ícone, na versão melhor cunhada da perfeição feita imagem. Presente, para todos, como um alvo preferencial consagrado (Grünewald, 1994).

3. O ÍDOLO

Pela graça recebida, Gardel pode ser visto como a forma mais concreta do fado atingindo um grande vulto. Por satisfazer os sonhos do público num momento dado, nunca seria esquecido. Lembrado pelos que nunca o conheceram, por aqueles que apenas souberam dele pela tradição *tanguera*, e por todos os que vêm nele o protótipo do argentino, pelo menos do *porteño*. Seu perfil era especialmente talhado para ser um arquétipo transindividual.

Ora, a função psíquica que Freud isolara como *ideal do eu,* desdobra a evolução do narcisismo, na resultante normativa do complexo de Édipo. Mas também se articula com os valores e as aspirações sociais, historicamente determinados. Apesar da alçada metapsicológica, tal instância precisa ser aferida no contexto em que determinado sujeito desenvolve a sua existência. O traço que configura o ideal, para além dos mitos pessoais, de todos e de cada um, costuma ser tirado da realidade. Pelo menos, quando esta seja capaz de fornecer algum exemplo acabado e bem-sucedido que possa ser tomado como modelo. Este viés explica o fato pelo qual tantas pessoas, todas diferentes entre si, coincidiriam na idealização de uma mesma, e como uma única referência é suficiente para hipnotizar as massas.

Mesmo assim, a concepção pluralista aqui apresentada não deixa de ser bastante polêmica, Nada garante que algum vestígio singular da subjetividade pessoal, multiplicado por todos aqueles que partilham o mesmo pano de fundo cultural, atinja qualquer tipo de unanimidade psicológica. Não obstante, foi o que sucedeu com o mito, assentando raízes nas gerações vindouras. E não seria tão difícil deduzir o porquê da indiscutível aceitação. O cantor era uma personalidade cuja glória, nacional e internacional, cristalizava as aspirações populares, trazendo a admiração, por parte do mundo inteiro, da pujança da Argentina, novel nação, independente e soberana. Bem-apessoado, rico, talentoso, boa praça e bela figura, trazia consigo todos os signos e sinais da fortuna.

Mas as considerações plásticas seriam exíguas para explicar o seu fascínio. Pelas anedotas, estórias, balelas e lorotas contadas a seu respeito, quando ainda era vivo e depois, por décadas a fio, ele teria sido tudo aquilo que qualquer argentino gostaria de ser. Não só pela aparência, e sim pela ética que o caracterizava. Segundo os feitos que lhe eram atribuídos, teria sido alguém cuja retidão na vida confirmaria a existência de *pelo menos um* capaz de ser, agir e sentir em absoluta coerência com aquilo que preconizava, de viva voz, nas letras dos tangos que cantava.

Por isso, quando, em 1917, Gardel interpretou o tango *"Mi noche triste"* num palco, tornou público, oficializando, aquilo que todos já sabiam, sem ousar admitir: que o *lunfardo*, como sentir espontâneo e partilhado, irmanava o intérprete com os ouvintes, todos testemunhas e cúmplices de uma manifestação de veracidade lingüística, cultural e ideológica (Romano, 1995).

Parece um abuso conceitual indiciar um medalhão como ideal egóico. Muito mais, quando a pretensão de explicar um fenômeno maciço extrapola os limites da subjetividade singular. O íntimo e o "éxtimo", o próprio e o alheio, interferem, quando o que está em jogo diz respeito a um e outro. Gardel, sem sombra de dúvida, aponta para o sentir unânime de uma comunidade que sempre viu nele a consumação de seus devaneios maximizados, os exclusivos, os grupais, e os solidários.

A invocação *gardeliana* vai além da simples ingerência fantasmática, e aponta, por cima de tudo, para aquilo que facilitou a disseminação do *lunfardo*. Um personagem carismático, dono de uma imagem e uma voz que fascinavam enorme parcela da população, representando aquilo que todos pretendiam ser, tornou-se o elemento ativo da entronização da linguagem por ele utilizada, transformando seu uso numa forma legítima de expressão, e num canal de identificação.

Nos dias de hoje, Carlos Gardel faz parte da *realidade psíquica* dos habitantes da cidade de Buenos Aires e alhures. Sua voz ecoa nos rádios, nos becos e nos toca-discos dos saudosistas. Seu sorriso *gestáltico* ornamenta camisetas, **posters**, cartões postais e **souvenirs**. Seu porte totêmico e patriarcal é um ícone do qual os argentinos não abrem mão. Jamais perderão aquele que foi e continua sendo, pela configuração, a persistência de um passado que já não existe e, no entanto, permanece.

Uma estética almejada e perene, e uma atitude digna perante a vida, tirante as agruras dos devires, ainda fazem sentido, porque simbolizam algo essencial para a comunidade que nelas se reconhecem.

V. EVOLUÇÃO DO *LUNFARDO*

Com o nome de *lunfardo* — em certas ocasiões, abreviado como *lunfa* —, costuma ser designado um modo de falar específico da cidade de Buenos Aires, cuja gestação começou na segunda metade do século dezenove e que, ao longo do tempo, com modificações, inovações e um gradativo processo de aceitação, acabou tornando-se um fator de singularidade sociológica e cultural, não só lingüística. Seu alcance é extensivo a outras regiões da Argentina, mas, por ter desabrochado nas margens do **Río de la Plata**, sua influência atinge o Uruguai e, pela correlativa disseminação geopolítica, ecoa também no Brasil.

Poderia ser considerado um **argot**, no sentido internacional deste termo francês, usado para definir a peculiaridade da fala de um grupo social diferenciado. Quase sempre se trata de uma referência às classes baixas e pouco cultas, pois é de praxe que as classes média e alta tenham a pretensão de debulhar a língua corrente com excelência ou, pelo menos, sem querer que as identifiquem pelo uso de um léxico discrepante do aprovado. Entretanto, na França propriamente dita, o **argot** designa, no seu aspecto discriminatório, duas acepções distintas. Em primeiro lugar, o linguajar específico dos vagabundos e ladrões. Em segundo, qualquer código profissional ou setorial que tenha vida própria (Teruggi, 1978: 51).

Por isso, seguindo Peter Burke, o *lunfardo* deveria ser considerado um *jargão*. Como se verá adiante, o problema é ainda mais complexo, e tal denominação ficaria pequena para nomear o fenômeno.

Grande parte das línguas ocidentais convive com formas de expressão que não se coadunam com o uso cordato das mesmas, nas versões bem-comportadas que muitos prefeririam considerar as únicas admissíveis. Não se trata aqui da incidência dos dialetos, das maneiras de falar regionais, nem sempre coincidentes ou harmoniosas com o idioma do país. Pelo contrário, o que chama a atenção seria a coexistência de vários jeitos de comunicar-se, relacionar-se e identificar-se no mesmo espaço ou território, na mesma cidade. Assim, temos o chamado **slang** nos domínios do inglês e, na própria Inglaterra, o **cockney**, estilo de linguagem do desclassificado, usual em certos bairros de Londres. Na Espanha, deve ser citado o **caló**, que começou como uma denominação exclusiva do universo cigano, e depois virou sinônimo de jargão. Muito tempo antes, **germania** era a palavra que se utilizava para aludir àquela dicção inculta que não estava à altura do espanhol do Século de Ouro. No Brasil, a **gíria** é um tipo de fala descomprometida, que inclui desde os neologismos produzidos pela população no processo ininterrupto de criação espontânea, até os modismos que as vicissitudes do cotidiano incorporam ao vernáculo. Mais tarde ou mais cedo, ocorre a assimilação daquilo que parecia destituído de qualquer possibilidade, algum dia, de ser bem quisto pelos letrados.

O *lunfardo* guarda estreitas relações com os exemplos citados. Para poder indicar até que ponto seria excepcional, convém abordá-lo como Mario Teruggi faz em seu livro (Teruggi, 1978), na qualidade de uma linguagem paralela, ainda que subestimada, de tipo familiar e popular. Pelo longo percurso histórico e cultural, é mais do que isso: sua principal característica, a diferença das situações dos outros países, consiste na capacidade de integração, por não ter ficado restrito aos seus primitivos adeptos. Lado a lado com os marginalizados pela sociedade, incorporou os múltiplos segmentos do tecido social, apesar deles.

1. A PARLA DOS GATUNOS

O *lunfardo* contabiliza seus anos, ultrapassando a centena. No final do século dezenove, muitos dos elementos que viriam a se juntar para configurar seu léxico eram já conhecidos. Desde a proclamação da República, marco simbólico da **argentinidade**, o uso de determinadas palavras, expressões, e frases, foi acontecendo de forma pragmática, e sempre ficou claro o descompasso entre a linguagem popular e a oficial, e quem se valia da primeira ou da segunda. Consignemos aqui um pequeno artigo publicado no respeitável jornal **bonaerense *La Prensa***, em 6 de julho de 1878, não assinado:

> *O DIALETO DOS LADRÕES*
>
> *Não temos espaço aqui para fazer a história interessantíssima dos progressos da ciência da linguagem, nem isto seria pertinente, dado o caráter desta seção, que tentamos servir com a maior disposição.*
>
> *Hoje vamos nos ocupar de uma pertinente questão filológica, sobre a qual chamamos a atenção dos nossos leitores, porque ela interessaria a todos eles. Não se trata, é óbvio, da famosa língua, repartida no Universo, e chamada **ariaca**, cujas raízes conservadas intactas tanto na Europa quanto na América do Sul tem prestado à História maiores serviços no seu caminho, jogando ainda mais luz que outros ramos da ciência.*
>
> *Tampouco vamos nos ocupar da língua dos índios **araucanos**, os eternos ladrões das nossas **pampas**, língua sobre a qual já foi escrito um vocabulário pelo major Barbará que, dependendo de sortes diversas, poderá um dia ser publicado ou jogado fora. Finalmente, não temos destacado as línguas do Chaco porque não somos tão valentes como o jovem naturalista Fontana, que passa seus dias derretendo no calor daquela região, sofrendo nas tremendas sestas entre carrapatos e peçonhentos, e nas noites no meio de um concerto infernal produzido por bebedores de sangue tais como mosquitos e borrachudos.*
>
> *Não. Queremos nos ocupar de uma nova língua que se incuba no seio mesmo de Buenos Aires e que, apesar do seu estudo não proporcionar nenhuma glória, como a Barbará e Fontana, nos permitirá prestar aos nossos leitores um grande serviço, prevenindo-os de um perigo que os cerca por todos os lados, tanto no leito quanto no teatro, no bonde e no passeio, no café e na igreja. O caso é que, hoje, vamos nos ocupar dos ladrões. Sabe-se que há, em Buenos Aires, pelo menos mil deles. Quando don Francisco Wright era delegado da Primeira Seção, contabilizava já os retratos de 750 larápios, e outros tantos ladrões. Seria espantoso, na atualidade, que a conta atinja o milhar? Os ladrões constituem uma confraria, a mais invejável e eficaz sociedade de socorros mútuos contra os avanços da*

polícia. O que pode o perigo comum! Esta confraria tem seus signos, e uma língua própria que permite aos confrades tramar seus planos em público sem serem entendidos. Eis aqui a justificativa do título desta notícia. Nossos trabalhos sobre essa língua são ainda embrionários, de modo que nada diremos sobre seus verbos, sintaxe etc. Mas um delegado que se ocupa de fazer a guerra aos ladrões tem um vocabulário, e dele temos copiado algumas das frases mais usuais, que em seguida publicaremos. Para conferir a verdade desse dialeto, vimos na delegacia, um ladrão preso que respondia perfeitamente quando lhe perguntavam no seu dialeto. Pode ser que os nossos leitores tirem proveito retendo algumas destas frases, se as escutam na rua, para poderem se proteger de quem delas se serve.

Eis aqui as frases traduzidas:

Marroca: **cadena** *(corrente); bobo:* **reloj** *(relógio); bento:* **plata** *(dinheiro); otário:* **sonso** *(tonto); musho:* **pobre** *(idem); bacán:* **hombre** *(homem); mayarengo:* **oficial de Policía** *(oficial da Polícia); shafo:* **vigilante** *(vigia); estrilar:* **poner atención** *(prestar atenção); mina:* **mujer** *(mulher); campana:* **el ladrón que sirve de bombero mientras roba la cuadrilla** *(o ladrão que serve de alarme enquanto a quadrilha rouba); refilarle la vianda:* **pegarle un golpe al indivíduo a quien roban, echándolo al suelo** *(dar um golpe na vítima, jogando-a no chão);* **cuando por adición el golpe es con un palo se usa aquella frase con esta***: en seco (a seco; quando o golpe é dado com um pedaço de pau, aquela frase é usada com este acréscimo); refilar la vianda con caldo, se ha de ser con arma blanca (se for com arma branca); lenzo:* **pañuelo** *(lenço); funshi:* **sombrero** *(chapéu); tocar espiante:* **mandarse mudar porque mira el vigilante** *(mandar-se porque o vigia está de olho); lunfardo:* **ladrón** *(ladrão); música:* **cartera** *(carteira); calálo:* **mirar bien lo que se ha de robar** *(olhar bem o que se vai roubar); espiantar:* **robar** *(roubar); arrebezarse:* **enojarse** *(ficar bravo); no está el shafo:* **el vigilante no mira** *(o vigia não está olhando); encanar:* **llevarlo** *(prender); lo portan en cana a Juan por lunfardo:* **lo llevan preso a Juan por robo** *(prendem João por roubo); dilatar:* **delatar** *(idem); andar en la guianda:* **tener pesos** *(ter dinheiro); me batió:* **significa que, estando en presencia de la autoridad, uno delata al outro como cómplice en el robo** *(entregou-me, significando que um delata o outro na presença da autoridade);* **cuando el vigilante se apercibe de que rondan los ladrones y se mueve hacia ellos, el que lo ve dice***: está estrilando el shafo, mejor es tocar espiante (quando o vigia percebe que rondam os ladrões e vai até eles, quem o vê diz: o vigia está olhando, melhor ir embora),* **que significa** *a fuga (sair fugindo).*

Limitamo-nos às palavras e frases anteriores como exemplo. Temos querido que o leitor fique sabendo das mais usuais, como carteira, relógio, corrente etc., que costumam ser diariamente o objetivo dos ladrões. (Texto citado na "**Antologia del** *lunfardo*", de Luis Soler Cañas, 1976.)

Esse texto é importante por várias razões. Em primeiro lugar, porque sua edição, num jornal então considerado o mais sério do país, oficializa seu conteúdo, quando tornado público. Depois, porque não apenas divulga uma notícia — o perigo de ser roubado pelos malfeitores que pululam na cidade —, como também traz o vocabulário destes, para informação e resguardo do cidadão comum. E, **last but not least**, porque faz aparecer, preto no branco e com todas as letras, o significante *lunfardo*, aqui, no caráter de sinônimo de ladrão.

2. Marginália

Como saldo daquele artigo, ficaria provada a origem concreta do *lunfardo*: uma linguagem de marginais, um jargão típico de uma corporação, a dos ladrões. Doravante, um modo de falar distante dos padrões da decência e da moralidade. Os eruditos que se debruçaram sobre o assunto são unânimes no reconhecimento desta procedência. Alguns, porém, estendem o veio lingüístico para incluir os cárceres e os prostíbulos. No primeiro plano, o mundo dos ladrões, oscilando entre períodos de confinamento, como punição pelos delitos, e outros de liberdade, de exercício conspícuo de suas más artes. Tanto na rua como na cafua, eles se comunicam entre si de um jeito que ninguém, não sendo do ramo, poderia entender. Isso se aplicaria às potenciais vítimas, que nunca perceberiam que se está falando delas, desconhecendo o código, e aos policiais e guardas de prisão, as forças inimigas. Seguindo neste viés, ficaria explícita a alcunha de **lenguaje** *canero* (Andrade/San Martín, 1967).

No segundo caso, em se tratando dos prostíbulos, onde também se falava de maneira exótica, diferente da linguagem engomada da sociedade civil, seria exagerado afirmar que os delinqüentes teriam sido seus únicos freqüentadores. Ao contrário, naquele tempo, a freguesia dos lupanares compreendia, além dos marginais, proletários, imigrantes e homens solteiros, de maneira geral. Como de hábito, independente das circunstâncias, o universo prostibular sempre teve suas próprias regras e rituais, e uma etiqueta bizarra que, em algumas ocasiões, parece uma sátira da vida burguesa, e noutras, uma total inversão de valores e objetivos. Em todos os casos, nunca falta uma maneira toda especial de falar, tanto no estilo de dicção, quanto no vocabulário utilizado no **métier**. Assim, palavras usuais ganham novas acepções, e termos originais são inventados para nomear o que acontece na cena da *zona*.

Vale a pena repetir aqui a alçada e o teor das palavras *margem* e *marginal,* a serem sopesados neste contexto, marcando a coincidência dos fatores ideológicos, urbanos e semânticos em jogo. Nas beiradas, nas bordas, nos extremos: da cidade, da sociedade, da moral e dos bons costumes; especificamente, da linguagem formal e oficial.

Ali onde o campo lindava com as casas, os bairros destacavam-se da horizontalidade deserta da **pampa**, inaugurando o espaço habitado. Neste conluio poroso entre cultura e **natura**, nesta região *pulsional*. Análogo ao limítrofe entre o psíquico e o somático, estendia-se a *Gran Aldea*, como era a designação cívica de Buenos Aires. O seu contorno permitia que entrasse em contato com tudo aquilo que as ordenanças municipais interditavam no seu epicentro. Este território era designado como **el arrabal**, o arrabalde, ainda que sua denominação corriqueira fosse **las orillas** ou *oriyas,* ou seja, *as margens*. Era ali onde estavam sediados os botecos — **las pulperias** —, os lugares de dança e as casas de lenocínio. Lá, o papo era outro, por assim dizer. Para pedir e obter o que queriam, os clientes e *habitués* precisavam se adequar ao linguajar local, incorporando um estilo dialetal que, mais tarde, levariam e disseminariam pelo resto da cidade. Por sua vez, a promiscuidade inevitável entre os fregueses, fossem estes operários, imigrantes, meliantes, contrabandistas, **gauchos matreros**, proxenetas, mulheres perdidas etc. e tal, criou um caldo de cultivo propício para a miscigenação destemida da significância (Borges, 1995).

As relações da sexualidade com a linguagem nunca deixaram de ser frutíferas, no que concerne à com a criação de sentido. Aquilo que os corpos realizam no seu próprio elemento, a carne, as palavras tentam nomear, mas existe algo que resta aquém de qualquer significação, que excede e fica de fora, obrigando à proliferação das metáforas. Às vezes, estas são tão explícitas que dão uma impressão de absoluta literalidade, causando repúdio. Trata-se do chamado *calão*, porta-voz de tudo o que seria grotesco. Evidente desde a sua etimologia, este tipo de falação alude ao mais baixo, seja pela referência ao que há de mais degradado na experiência humana — por exemplo, as reles funções da fisiologia animal —, como também àquilo que os valores consagrados não aceitam, e não admitem sequer ouvir falar.

Por obra e efeito da própria censura, o sexo como referente resulta em altas produções lingüísticas, aquilatando não apenas a cunhagem das locuções inéditas, como também a multiplicação dos eufemismos. Por meio desse expediente, a fala da intimidade consegue aceder à esfera pública, para tornar-se popular.

3. Fora da lei

Na gênese do *lunfardo*, seus primórdios devem ser sempre lembrados. Não obstante, nunca poderia ser esquecido que, embora mais tarde a sua presença tomasse conta do cotidiano e se espalhasse por toda parte, de início sua gestação teve a pecha da indecência. Todavia, o fato constatado da sua assimilação pelo conjunto da população não evitou que fosse formalmente interditado. Mas, antes de relatar tal contingência, cabe articular aqui o veículo por meio do qual aquela língua marginal conseguiu a aprovação da cidadania. Como já foi dito, nos mesmos lugares onde ela era admitida e, com certeza, incentivada, também o tango era hegemônico. E, na prática, não havia distinção entre *tangueros* e *lunfardos*. Só que, em pouco tempo, esta última denominação já não indiciava apenas os malfeitores, senão todos aqueles que fossem, de uma forma ou de outra, identificados com uma maneira singular de encarar a vida, partilhando uma concepção existencial e fatalista condizente (Sábato, 1968).

Dessa forma, os ladrões deixaram de ser os únicos usuários do *lunfardo*, o que acarretou, de imediato, uma desvinculação entre tais contraventores e aquela palavra que teria sido seu patrimônio exclusivo. De imediato, surgiu uma outra denominação, agora com finalidade ecumênica: *rante*, que corresponde à apócope de *atorrante*, vocábulo coloquial de ampla prosápia que, na forma verbal *atorrar*, quer dizer *dormir*. Em princípio, o termo era utilizado para apostrofar aqueles que fogem, por um ou outro motivo, do processo produtivo. Seria similar ao italiano **vitellone**: alguém que não trabalha, que vive despreocupado, que acha que a felicidade não coincide com os valores da classe média. No final das contas, mais do que um boa-vida, um inútil.

Canero, lunfa, rante: os adjetivos, mais que os substantivos, exprimem os julgamentos de uma ideologia situacionista. O interessante do caso é perceber como uma discriminação feita a partir de um jeito de falar se desdobrou numa valorização social. Apesar de pejorativa, mudou o seu caráter para uma forma *de ser-no-mundo*, nunca legitimada. Não foi aleatório, então, que tantos tangos incorporassem aqueles termos indiscretos para descrever uma verdade factual que era comum, tanto aos autores, quanto ao público consumidor. A enorme aceitação e representatividade eram a prova exponencial do reconhecimento mútuo.

Durante as primeiras décadas do século XX, tango e *lunfardo* formaram uma unidade indissociável. O primeiro teve a chance de se internacionalizar, e levou o segundo fora das fronteiras geográficas. Mas isto não serviu de muito. Por exemplo, na Espanha, onde o tango foi muito bem recebido, especialmente em Madri e depois em Barcelona, o fato de divulgar a linguagem *rante* não fez com que os espanhóis incorporassem algum termo *lunfa* nas suas vidas.

Na cidade natal, foi admitido como sendo uma realidade de fato, mas não de direito. No cotidiano, o estilo *lunfa* de falar e o uso das palavras do seu repertório eram contingências banalizadas num exercício ininterrupto. No discurso oficial e no âmbito legal, um falatório de tal natureza era considerado desprezível e, dependendo da conjuntura, chegou a ser considerado como uma contrafação penal. Os usos e modismos, cada vez mais distendidos, não evitaria os efeitos da barbárie dos governos que ninguém votou. Os vaivéns da história argentina sempre se caracterizaram pela intervenção de forças políticas que, ofendendo à democracia, vez por outra atentaram contra a livre expressão e o andamento autônomo das instituições, apelando para o golpe de estado como recurso para "salvar a pátria, a família, a civilização ocidental, a religião, os bons costumes, a tradição, a propriedade", e outras tantas crenças supostamente em perigo. A direita, em todas as suas variedades, sempre foi uma fatalidade inevitável na vida republicana, mobilizando o poder militar que, pela força das armas, conseguiu, em numerosas oportunidades, amordaçar e reprimir a espontaneidade da nação.

Foi assim que, numa das tantas ditaduras, o *lunfardo* acabou posto fora da lei. Como rebote da crise de 1929, no ano seguinte, os militares tomaram o poder, para garantir a ordem pública em tempos difíceis, e também para se locupletarem, como é de praxe. Tal finalidade foi conseguida com mão de ferro na esfera política, e extremado rigor no campo pessoal e na vida social, num período de tempo que ficaria gravado na memória da república com o significativo nome de "década infame". O propósito básico era subordinar a população a um ideal de obediência, higiene, castidade, e correção lexical. O fascismo, a contribuição italiana à modernidade, indicava a tendência para uma *nova ordem*, exigindo dos cidadãos uma conduta ilibada, e eliminando os prostíbulos. Como corolário, todo mundo devia falar bem, e não eram mais admitidas manifestações discrepantes com a linguagem consuetudinária, nem permitido que os cidadãos utilizassem palavras de origem marginal. Nas escolas, as criancinhas eram cada vez mais vigiadas, para que o seu aprendizado fosse coincidente com os manuais de história devidamente expurgados. No tangente ao estudo do vernáculo, consagrou-se o espanhol peninsular, lastreado no dicionário da **Real Academia Española de la Lengua**, como a única forma correta de se expressar.

No plano da cultura popular, o tango foi perscrutado com meticulosidade, e colocado sob suspeita. Não contentes com proibir aquelas músicas consideradas perniciosas, pelo seu conteúdo ou pelas palavras que as compunham, os censores exigiram que elas fossem reformuladas, expurgando os elementos *lunfardos*, agora substituídos por termos impolutos. Compositores de pouco caráter se dedicaram a cumprir com esta encomenda, e o ridículo foi imediato: *El ciruja* — *O andarilho* — virou *El pordiosero*; *Mano a mano* foi emasculado; *Yira yira* foi quase transformado em cantiga de roda, *Dar vueltas, dar vueltas* etc. Tanta imbecilidade provocou boas risadas, pois ninguém jamais cantou nenhuma das versões preconizadas, e quando aquela ditadura caiu, sua patetice foi comemorada em verso e prosa. Em *lunfardo*, *de lambuja*.

A polícia, nunca perturbada por qualquer oscilação política, sempre se caracterizou por manter uma coerência estatuária nas suas convicções repressivas. Ainda que as ditaduras se sucedessem, alternadas com governos civis que não completavam seus mandatos, jamais duvidara de quem prender, interrogar ou encarcerar. O uso do *lunfardo*, para os uniformizados representantes da legalidade, nunca deixou de ser um indício a ser levado em conta na luta contra o crime, apesar dos próprios *tiras* serem também fregueses do mesmo.

4. HOJE COMO ONTEM

Contudo, a evolução sociocultural da Argentina extrapolou as reações supra-estruturais, e as desventuras políticas que periodicamente a assolaram. A maleabilidade do espírito demagógico atingiu, entre 1945 e 1955, seu ápice, com o advento de Juan Domingo Perón na presidência, por dois mandatos consecutivos. Naquela época, falar em *lunfardo* fazia parte do modo de ser, nacional e popular, o **ethos** indiscutível. A partir de então, e até os dias atuais, mesmo com o peronismo como constante, na história recente não se registraram novos atentados contra a espontaneidade da fala da população. Nem os sucessivos governos **de facto** que viriam mais tarde tiveram a empáfia de querer amordaçar o dizer cidadão.

Mas nunca deixou de haver uma certa vigilância semântica ao longo dos anos de chumbo. Os tempos que correm parecem ter absolvido o *lunfardo* dos seus maus antecedentes, e correlatas intenções subversivas teriam sido desculpadas pela assimilação contumaz por parte da população. No presente, coexistem os verbetes forjados no passado, e mais da metade do léxico corresponde aos clássicos das décadas de 30 e 40, junto com aqueles que estavam antes, os que vieram depois, e ainda os que o momento contemporâneo obriga a construir e pôr em vigor para aludir à realidade instantânea. Mas, com certeza, muita coisa mudou, e parece inverossímil que o que se fala hoje possa ter sido, alguma vez, malvisto, estigmatizado, ou até desabonador para o seu locutor.

Um par de anedotas pode ilustrar o estado das coisas. O primeiro mandatário argentino, segundo o jornal **Clarín**, disse, em 19 de dezembro de 1997:

> "... o projeto de uma consulta, pela via do plebiscito, para uma eventual emenda constitucional é sério, visando à possibilidade da reeleição como uma ferramenta de governo, como um meio para se obter resultados concretos, e não para servir a interesses de cunho pessoal. Portanto, trata-se de uma moção legítima, e não *trucha*".

Na declaração, fica verbalizada a tentativa de conseguir que o Congresso aprove uma consulta nacional para que a cidadania se manifeste sobre a necessidade de modificar a constituição, com o intuito de admitir a chance de um mandato a mais para o governante em exercício. Era evidente que tal iniciativa interessava, em particular, a quem estava falando, e o dito cujo precisou argumentar de forma sofística, para desestimar eventuais interpretações tendenciosas. Utilizou, para isto, o adjetivo *trucha*, tão coloquial, que soaria mais coerente na boca de um contrabandista ou de um camelô, e não do presidente da República. Mas, tudo bem, todos compreenderam e não se espantaram. Em décadas anteriores, teria dito *fayuta*, e até os brasileiros entenderiam!

Em novembro do mesmo ano, segundo o jornal **Página 12**, o ministro da Educação, perante a iminência de uma greve de professores, os chamou publicamente de *ñoquis*. Por quê? Com as sucessivas montanhas russas da política monetária, no início da década de 80 a Argentina passou por um período de prosperidade fictícia carinhosamente apelidado de **"plata dulce"**. Como punição *kármica*, os anos 90 trouxeram uma triste "má nova" para a população: a escassez, o desemprego e a recessão. O dinheiro começou a minguar, e surgiram inúmeras crenças, simpatias e mandingas para procurar consolo, esperança e condescendência por parte do destino e da vida econômica. Assim, de um dia para o outro, surgiu uma tradição, importada não se sabe de onde. Talvez fosse da Itália, pois tem que ver com uma comida típica de lá: **i gnocci**. Então, reza a lenda que o dinheiro nunca faltaria para quem comesse *nhoquis* exatamente no dia 29 de qualquer mês, desde que não fosse esquecido que, para a crendice dar certo, uma nota de um dólar americano devia ser colocada embaixo do prato do comensal. Seria isto um eco do final da Segunda Guerra Mundial, quando os ianques desembarcaram no continente europeu deflagrando a contra-ofensiva derradeira, entrando na Bota pela Sicília? Por que estranha razão haveria alguma relação mágica entre a massa, a cédula e a boa fortuna?

Em todos os casos, os argentinos incorporaram de bom grado este costume gastronômico-financeiro. Via de regra, *los ñoquis del 29* viraram uma referência à crise na pós-modernidade. O ministro, apostrofando os professores daquela maneira, fez uma dupla alusão. Por um lado, apontou àquela data do mês em que estes recebiam seus salários. Mas, ao mesmo tempo, o que ficou conotado e denotado é um dia especial do mês, supostamente esse que seria, de acordo com o ministro, o único em que os aludidos trabalhavam para valer. Moral da história: a voz autorizada do discurso competente do cargo hierárquico chamou os grevistas de folgados. Nada de novo, sempre foi assim, tanto nos idos da ditadura como agora, na democracia representativa. Além das implicações políticas do acontecimento, chama atenção a tranqüilidade com que uma alta patente do Estado, o máximo expoente da educação do um país, serviu-se do *lunfardo* como um código comum, sabendo que seria entendido por todos, sem se preocupar com o contraste evidente entre o decoro da investidura e o estilo retórico empregado.

Outros exemplos seriam supérfluos. Pode-se chegar a uma conclusão imediata, desde que as causas do fenômeno sejam assaz explicitadas: o *lunfardo*, alguma vez uma língua setorial, marginalizada e abjeta, é hoje um patrimônio lingüístico, para sempre indissociável das mazelas e fantasmagorias da eloqüência patrícia.

VI. O *LUNFARDO* NAS LETRAS DO TANGO

1. *MI NOCHE TRISTE* (1917)
Autor: **Pascual Contursi**
Música: **Samuel Castriota**

Percanta que me *amuraste*
en lo mejor de mi vida
dejándome el alma herida
y espina en el corazón,
sabiendo que te queria,
que vos eras mi alegria
y mi sueño abrasador,
para mi ya no hay consuelo
y por eso me *encurdelo*
pa' olvidarme de tu amor.

Cuando voy a mi *cotorro*
y lo veo desarreglado,
todo triste, abandonado,
me dan ganas de llorar,
y me paso largo rato
campaneando tu retrato
pa' poderme consolar.

De noche, cuando me acuesto,
no puedo cerrar la puerta,
porque dejándola abierta
me hago ilusión que volvés.
Siempre traigo bizcochitos
pa' tomar con matecito
como cuando estabas vos...
y si vieras la *catrera*
como se pone *cabrera*
cuando no nos ve a los dos.

Ya no hay en el *bulín*
aquellos lindos frasquitos
adornados com moñitos
todos de un mismo color,
y el espejo está empañado
si parece que ha llorado
por la ausencia de tu amor.

La guitarra en el ropero
todavia está colgada,
nadie en ella canta nada

ni hace sus cuerdas vibrar...
Y la lámpara del cuarto
también tu ausencia há sentido
porque su luz no há querido
mi noche triste alumbrar.

Em 1917, na época em que o tango ainda era um gênero eminentemente instrumental e não costumava ser cantado, foi publicado *Lita*, da autoria de Samuel Castriota. Por acaso, chegou aos ouvidos de Pascual Contursi, poeta bissexto, que gostou da melodia e começou, quase brincando, a pôr as palavras que seriam, a partir de então, indissociáveis da música.

Amigo de Carlos Gardel — na época, um bem-sucedido intérprete de canções **camperas** —, mostrou-lhe a sua criação, de imediato incorporada ao repertório deste. Sugeriu também que cantasse a mesma no espetáculo teatral do qual fazia parte. Gardel gostava da versão, mas não era sequer cogitado que uma letra *lunfarda* fosse apresentada em público. Apesar das resistências, acabou sendo estreada numa noite com a sala meio cheia. A platéia, depois do choque inicial pelo inédito do caso, aplaudiu sem parar. De súbito, a voz se espalhou, e até o final da temporada, as sessões foram todas lotadas. As pessoas iam para assistir uma peça pouco realista — *Los dientes del perro* —, típico divertimento sem compromisso, e deparavam-se com a novidade: uma forma profana de expressão elevada à dignidade da arte, sem subterfúgios. De início, foi até certo ponto um escândalo utilizar no palco o mesmo linguajar que nas ruas todo mundo partilhava. Em seguida, a boa acolhida legitimou a ousadia. Daí para frente, seria natural que o tango, manifestação do espírito cidadão, fosse escrito e cantado em versos *lunfas*.

Agora batizado de *Mi noche triste*, foi gravado por Gardel, e o disco vendeu muito mais que qualquer outro. Foi uma consagração múltipla: do tango-canção, do seu intérprete como o mais idôneo para aquele tipo de música, e do *lunfardo* como forma de identificação popular.

Versão prosaica da letra poética:
Este tango relata as agruras de um homem agora sozinho, depois de abandonado pela mulher amada. A melancolia toma conta, os objetos do cotidiano fazem pensar nela, e a esperança da sua volta acalenta as noites de solidão e nostalgia.

Análise dos termos *lunfardos*:
— *percanta*: maneira de se referir à mulher, admitindo, como variação, *percantina*, nos casos de concubinato. Provável condensação de **percalera** — aquela que usa vestidos feitos de **percal**, um certo tipo de tecido —, e *atorranta*, indicativo de *mulher perdida*.
— *amuraste:* do verbo *amurar*, literalmente, *encostar no muro*; por extensão, quer dizer *abandonar, deixar de lado*.
— *encurdelo*: do verbo *encurdelar*, *ficar bêbado, alcoolizado*.

— *pa'*: apócope da preposição *para*, assim utilizada tipicamente pela população do campo; na cidade, constitui uma forma reprovável de falar.

— *cotorro*: *moradia, lugar de residência*. Deriva de **cotorra**, *periquita,* e poderia referir-se ao poleiro onde estas aves vivem.

— *campaneando*: do verbo **campanear**, *olhar, enxergar, mirar.* Esta palavra tem sua origem no jargão dos ladrões, indicando a função daquele que fica de olho, protegendo os seus asseclas, e dando o alarme. Provém de **campana,** *sino,* indicando o barulho que se faz para despertar o próximo.

— *catrera*: *cama*, derivado de **catre**, o leito de campanha utilizado no exército.

— *cabrera*: *brava, zangada.* Sua referência seria a cabra, na suposição de que este animal vive sempre de mau humor. Corresponde à expressão brasileira *cabreiro* ou, com maior precisão, *de bode.*

Argumento:

A chave deste tango radica na palavra *amuraste*, introduzida já na primeira estrofe. O varão, triste e arrasado, fica curtindo a sua mágoa e embebedando-se, depois de perder a mulher que partilhava sua vida e seus desvelos. Mais do que abandoná-lo, ela o teria deixado *amurado*, isto é, duro como uma parede, para sempre paralisado.

Como tantos outros tangos, seu tema é típico. A peculiaridade, no entanto, reside em que o protagonista, doravante a ausência dela, não a recrimina. Mas cai num estado de melancolia onde a falta não pode ser simbolizada. Os objetos deixados se transformam em dejetos; para além de suas características imaginárias, restam tão inúteis quanto o a fixação libidinal do sujeito em questão.

2. *MANO A MANO* (1920)

Autor: **Celedonio Flores**
Música: **Carlos Gardel** e **José Razzano**

> *Rechiflao* en mi tristeza, hoy te evoco y veo que has sido
> en mi pobre vida paria sólo una buena mujer;
> tu presencia de *bacana* puso calor en mi nido,
> fuiste buena, consecuente, y yo sé que me has querido
> como no quisiste a nadie, como no podrás querer.
>
> Se dió el juego de *remanye* cuando vos pobre *percanta*
> *gambeteabas* la pobreza en la casa de pensión,
> hoy sos toda una *bacana*, la vida te rie y canta,
> los *morlacos* del *otário* los tirás a la *marchanta*
> como juega el gato *maula* con el mísero ratón.
>
> Hoy tenés el *mate* lleno de infelices ilusiones:
> te *engrupieron* los *otários*, las amigas, el *gavión*;
> la *milonga* entre magnates con sus locas tentaciones

donde triunfan y claudican *milongueras* pretenciones
se te ha entrado muy adentro en el pobre corazón.

Nada debo agradecerte, mano a mano hemos quedado,
no me importa lo que has hecho, lo que hacés o lo que harás;
los favores recibidos creo habértelos pagado
y si alguna deuda chica sin querer se me ha olvidado
en la cuenta del *otário* que tenés se la cargás.

Mientras tanto, que tus triunfos, pobres triunfos pasajeros,
sean una fila de riquezas y placer;
que el *bacán* que te *acamala* tenga pesos duraderos,
que te abrás en las *paradas* con *cafishios milongueros*,
y que digan los muchachos: "Es una buena mujer".

Y mañana, cuando seas descolado mueble viejo
y no tengas esperanzas en el pobre corazón
si precisás de una ayuda, si te hace falta un consejo,
acordate de este amigo que há de jugarse el pellejo
p'ayudarte en lo que pueda cuando llegue la ocasión.

O *pedigré* deste tango inclui um precedente, um poema anterior do mesmo autor, intitulado **Margot**, escrito especialmente para *Última Hora*, um jornal popular da década de 20 em Buenos Aires. Naquela época, o periódico premiava com uma nota de cinco **pesos**, uma quantia nada desprezível, os poemas ou observações do cotidiano escritas em versos *lunfas*, que os leitores espontaneamente enviavam. Não deveria passar despercebido o fato de que tais contribuições fossem editadas na página das notícias policiais, corroborando a origem e a audiência provável daquelas mal-traçadas sentenças.

Gardel gostou do que leu, e encomendou uma versão musicada a um dos seus guitarristas, para interpretá-la a duo com Razzano. Na hora de gravá-la, a companhia discográfica localizou o escrevinhador, que compareceu no estúdio. Ali, autor e intérpretes ficaram amigos, e o primeiro forneceu mais alguns de seus poemas para eventuais composições. Assim, o mais famoso de todos, aquele que era a preferência *gardeliana*, **Mano a mano**, foi também o favorito do público, que o consagrou como um campeão de popularidade até hoje.

A canção em pauta inclui não poucos **lunfardismos**. O tema tratado descreve cruamente as relações interesseiras entre os sexos e, mesmo que o personagem que canta sinta pena, nostalgia e carinho por aquela que o deixou, alguns de seus comentários demonstram um certo cinismo. Por estas razões, o tango foi censurado pela revolução militar de 1930. O supra-sumo da vocação repressiva foi mudar a letra, substituindo-a por versos em correto castelhano, que veiculavam um conteúdo moral ilibado. Quem teria sido capaz de tamanha elaboração secundária, num exercício infame de inútil *carolice*? Talvez algum poeta fardado, daqueles que têm, no esquecimento merecido, a recompensa pela ignomínia a que se prestam. Não obstante,

76

manifestando aprovação, o povo sempre lembrou do original, que voltou triunfal quando a ditadura passou, para nunca mais ser obliterado.

Versão prosaica da letra poética:

Quem canta parece estar fazendo um acerto de contas imaginário com uma mulher que um dia o amou, e depois o trocou por uma vida abastada, fruto de sua vontade venal. Amorosa na pobreza, mas fascinada pela riqueza, teria ido embora de caso pensado, por motivos mundanos. No futuro, ela será apenas um traste velho e desprezado, e só então ele poderá perdoá-la, desculpando sua veleidade, e reconhecendo sua boa índole.

Análise dos termos *lunfardos*:

— *rechiflao*: o verbo **rechiflar**, de origem rural, é usado na doma de cavalos, pois *chiflado* quer dizer *indômito*. Aplica-se a alguém considerado louco. *Rechiflado*, no contexto urbano, corresponderia a *ressabiado*.

— *bacana*: o termo *bacán* tem origem genovesa, nomeando o capitão de um navio, o maioral. Por extensão, foi utilizado como sinônimo de *abastado*, *bem de vida*, *rico*, *poderoso* e aplicado ao homem que teria condições de sustentar uma mulher. Ela, por contigüidade, seria a *bacana*. Mais tarde, acabou sendo uma forma genérica de se referir à classe dominante.

— *remanye*: do verbo italiano **mangiare** — *comer* —, deriva *manyar*, com o sentido figurado de *perceber, conhecer, estar ciente*. Na gíria brasileira também se usa, como sinônimo de *sacar*. *Remanyar* seria, então, uma atitude desta ordem, enfatizada ou potencializada: neste caso, *saber muito bem de quem se trata*.

— *gambeteabas*: do verbo *gambetear*, cuja tradução seria *esquivar*, na acepção futebolística da palavra. Provém de **gamba** — *perna*, em italiano —, o que indica um certo viés esportivo, podendo ser traduzido como *driblar*.

— *morlacos*: dinheiro, especificamente **pesos moneda nacional**, numa forma de dizer corrente entre os camponeses da pampa. Apesar desta referência, sua origem é incerta.

— *marchanta:* do francês **marchand**, com a conotação de algo que seria vendido de qualquer jeito e pelo preço que fosse. A expressão *a la marchanta* é usada na alusão daquilo que será passado para frente, de um jeito ou de outro, sempre de forma aviltada.

— *maula:* esta palavra, de ampla prosápia **gauchesca**, conservou-se, na cidade, como *malvado*, e *esperto*.

— *mate:* assim é chamado o *chimarrão*, infusão típica do campo, incorporada como costume cotidiano pelo grosso da população. Como ela é bebida num cabaço arredondado que funciona como *cuia*, seu nome serve também para apelidar a cabeça.

— *engrupieron*: o verbo *engrupir* é utilizado quando alguém é ludibriado, pois tem o significado de *enganar*, *ludibriar*, *iludir* de maneira proposital e com segundas intenções.

— *gavión*: assim se designa aquele marginal que vive das mulheres, o rufião ou **gigoló**. Neste caso específico, o termo baseia-se num brasileirismo, pois procede de *gavião*, com a qualidade metafórica de *predador*.

— *milonga*: no início, música e dança de origem africana, e baile dos escravos. Mais tarde, virou denominação extensa para todo tipo de festividade descontraída, burlesca e popular. Por isso, o substantivo *milonga*, e o adjetivo *milonguero* têm, em princípio, um matiz identificatório, junto com um valor positivo.

— *acamala*: incluindo a *cama*, o verbo *acamalar* teria várias significações possíveis, provavelmente simultâneas: *levar para a cama*; *pôr na cama*; *guardar na cama*. Aqui, corresponde a *manter sob domínio*.

— *parada*: palavra tirada da linguagem militar, para indicar um *desfile,* ou seja, uma situação formal de apresentação e continência. Ao mesmo tempo, também quer dizer *ostentação* e, ainda, *desafio*.

— *cafishio*: alcunha de quem obtém benefícios da prostituição alheia. Tem como raiz o termo marroquino **cáften**, jaqueta típica dos judeus, também conhecida como **levita**.

No começo do século XX, Buenos Aires recebeu um grande número de mulheres de origem judaica, oriundas dos países do leste europeu, que eram exploradas pelos seus compatriotas, no papel de alcoviteiros. Ainda, os homens que lucravam com as habilidades horizontais das suas protegidas costumavam manter uma postura corporal peculiar, sempre rígida, para impressionar pela firmeza e aspecto de durão. A população, jocosamente, comparava-os com um certo tipo de peixe que, na época, era importado do norte da Europa, chegando seco ao Rio de la Plata. Tratava-se do **stock fish** que, pronunciado **alla italiana**, virava *stocafishio*, portanto, *cafishio*, mas também *fioca*, segundo a maneira de falar pelo avesso, chamada corriqueiramente de *vesre*.

No Brasil, este significante foi deslizando, e numa coincidência com a flora local, virou *cafetão*.

Argumento:

Neste tango, o tema do abandono ganha contornos definidos e explícitos, embora isentos de qualquer traço depressivo ou mórbido. O protagonista, já conformado com sua sorte, discursa sobre o destino daquela que o deixou por motivos interesseiros, deslumbrada por uma vida de luxos e prazeres. Ele sabe que ela também é uma vítima, e que pagará caro pelo seu fascínio. Talvez por isso, há aqui uma espécie de consolação unilateral, que lhe permite se recompor na desgraça, imaginando por antecipado a decadência dela.

Mas isso não evita que ele ainda sofra, e a ironia manifesta que lhe serve de conforto seria indicativa de sua localização subjetiva, profundamente ferido no amor próprio.

3. *El ciruja* (1926)

Autor: Francisco Alfredo Marino
Música: Ernesto de la Cruz

Como com **bronca** y **junando**
de rabo de ojo a un **costao**
sus pasos ha encaminado
derecho p'al **arrabal.**
Lo lleva el presentimiento
de que, en aquel **potrerito**,
no existe ya el **bulincito**
que fue su único ideal.

Recordaba aquellas horas de **garufa**
cuando **minga** de **laburo** se pasaba,
meta punga, al codillo **escolaseaba**
y en los **burros** se **ligaba** un **metejón**;
cuando no era tan **junado** por los **tiras**,
la **lanceaba** sin temor al **manyamiento**,
una **mina** le soltaba todo el **vento**
y jugó con su pasión.

Era un **mosaico diquero**
que **yugaba** de **quemera**,
hija de una **curandera**,
mechera de profesión;
pero vivia **engrupida**
de un **cafiolo vidalita**
y le pasaba la **guita**
que le sacaba al matón.

Frente a frente, dando muestras de coraje,
los dos **guapos** se trenzaron en el bajo,
 el **ciruja**, que era listo para el tajo,
al **cafiolo** le cobró caro el amor.
Hoy, ya libre 'e la **gayola** y sin la **mina**,
campaneando un **cacho** 'e sol en la vereda,
piensa un rato en el amor de la **quemera**
y solloza de dolor.

Em 1926, época de auge do tango-canção, um **letrista** e um **bandoneonista** fizeram uma aposta: fariam uma música contendo a maior concentração de termos *rantes* jamais ouvida até então. Surge, assim, *El ciruja*, apoteose da *lunfardia*. Nenhum dos seus dois autores era marginal, ou coisa do gênero, embora os caracteres por eles criados sejam os mais sórdidos do cancioneiro popular: um catador de lixo, uma prostituta e um rufião, numa história de traição e morte.

Após o escândalo da estréia, foi integrado no repertório de muitos cantores, atingindo um certo sucesso. A interpretação de Gardel acabou sendo a mais conhecida, e a primeira a ser gravada em disco. Apesar de aceita pelo público, foi proibida depois do golpe militar de 1930, por obra e graça dos censores castrenses. Seu ostracismo foi evitado pelo autor dos seus versos, que achou por bem fazer uma outra variação da letra, politicamente correta, para conseguir que fosse difundida naqueles tempos bicudos. Mas não adiantou, porque a primeira versão nunca deixou de ser cantada, e a segunda, pura formação reativa, não foi sequer reconhecida como legítima, apesar de escrita pela mesma mão.

Versão prosaica da letra poética:

O *ciruja,* aquele farrapo humano que vive no lixão, recolhendo o que puder para subsistir, retorna ao lugar onde já morou, num descampado, depois de sair da prisão, onde cumprira pena por crime violento. Num duelo, matara o protetor da mulher que o amava e sustentava. Ela, decadente e esperta, desgraçou dois homens: um morreu, e o outro foi preso por sua causa.

Análise dos termos *lunfardos*:

— *ciruja*: trata-se de um habitante do submundo da sociedade, aquele que vive no lixo, catando, com o intuito de usar ou vender, tudo aquilo que possa ter alguma utilidade, achado no depósito de detritos da cidade. Esse apelido põe ironia em jogo: a palavra *ciruja* quer dizer tudo isto e mais também, porque decorre da apócope de **cirujano** — *cirurgião* —, assim equiparado pela maneira metódica e quase asséptica com que o personagem seleciona o produto do seu saque no meio da porcaria.

— *bronca*: voz proveniente do espanhol, quer dizer *disputa*. Na Argentina, é usada como *raiva*, ou *briga*. Na gíria, também se fala *meter bronca,* com o sentido de *criar caso.*

— *junando*: do verbo *junar* — *olhar, enxergar, fitar* —, serve para articular várias funções ligadas ao campo *escópico*. De maneira específica, corresponderia a um certo tipo de olhar, quase de relance e nunca frontal, correlativo de uma atitude ressabiada e paranóica.

— *costao*: derivado do português, *de lado*. O equivalente das *costas*, em castelhano, se diz **espalda**. *Costado* seria a forma certa, mas vira *costao* quando pronunciada no estilo matuto, numa discrepância premeditada com o linguajar citadino.

— *arrabal*: palavra espanhola, *arrabalde* em português. Seu uso *lunfa* decorre da cartografia urbana, na marginalização dos desclassificados sociais.

— *potrerito*: descreve uma paisagem erma e desabitada. Alusão ao lugar onde os cavalos selvagens, os **potros,** viveriam em total liberdade. A origem terminológica é notoriamente campestre.

— *bulincito*: diminutivo carinhoso de *bulín*, designação de uma moradia nada tem de familiar. Antes, aquela que comporta algum tipo de atividade extraconjugal.

— *garufa*: quer dizer *festa, comemoração, noitada,* sinônimo de *farra,* que é usada de maneira idêntica em português.

— *minga*: corresponde à idéia de *nada*, do que não há, de *falta*. É derivada de um termo do dialeto genovês que alude aos genitais femininos. Vem daí a idéia de carência associada ao seu uso, e a conseqüente valoração depreciativa.

— *laburo*: o *trabalho*, assim mencionado segundo um certo italianismo, acrescentando ao termo uma dose de galhofa e zombaria.

— *meta*: do verbo *meter,* seu uso inclui sempre um segundo sentido, geralmente soez.

— *punga*: locução típica do mundo do crime, referida a todo e qualquer tipo de roubo.

— *escolaseaba*: forma verbal da palavra *escolaso*, designação ampla para todos os jogos de azar.

— *burros*: nome sarcástico dado aos cavalos, em função da lentidão intrínseca dos jumentos, contraditória com a velocidade das corridas **turfísticas**.

— *ligaba*: do verbo **ligar**, usado com a conotação de *receber*.

— *metejón*: idéia fixa, quase uma obsessão. Essa palavra serve tanto para dar conta de qualquer coisa em relação ao desejo, quanto para indicar algo da ordem da mania.

— *tiras*: policiais, assim chamados pelos ornamentos do seu uniforme, na mesma acepção que no Brasil.

— *lanceaba*: do jargão dos ladrões, o verbo **lancear** quer dizer *roubar (a carteira) ardilosamente*.

— *manyamento*: derivação da forma verbal *manyar*, com o sentido de *ver* e *conhecer*, ou *reconhecer*, como é feito nas delegacias de polícia, numa confrontação, ou *acareação*.

— *mina*: denominação genérica para as mulheres, mesmo que, na origem, tal alcunha fosse conseqüência direta da prática da prostituição, no usufruto de quem vivesse do dinheiro por elas produzido. Por isso, seriam *minas (de ouro)*. Ainda, a concavidade da anatomia feminina se presta a tal descrição metonímica.

— *mosaico*: apesar da forma masculinizada, trata-se de *moça*, mulher jovem.

— *diquero*: neste caso, o adjetivo acompanha o substantivo antes mencionado no gênero masculino, referindo-se a quem teria uma bela estampa, pavoneando-se por isso, ou seja, dando-se *dique*.

— *yugaba*: o verbo *yugar* significa *trabalhar,* numa herança imediata do latim.

— *quemera*: expressão apropriada para batizar aqueles que viviam catando lixo no depósito municipal, apelidado de **la Quema**, ou seja, o lugar onde os detritos da cidade eram incinerados.

— *curandera*: por outro nome, *mano santa,* isto é, aquela pessoa com poderes de cura e um saber profano sobre o corpo, que se dedica à prática médica amadora.

— *mechera*: certo tipo específico de ladra, aquela cujo teatro de operações costuma ser lojas e estabelecimentos públicos afins.

— *engrupida*: alguém que se leva muito a sério, que vive se enganando, *convencida*.

— *cafiolo*: este vocábulo seria idêntico a *cafishio*, pois tem igual significado. A única diferença consiste na maleabilidade fonética, aqui distorcida.

— *vidalita*: a alusão à *vida* indica que este termo, por contigüidade, corresponde a uma versão viril da locução *(mulher) da vida*. Homofônico de **vidalita** ou **vidala**, um tipo de toada campesina.

— *guita*: dinheiro. Procede da palavra **guitarra**, significando *grana*, como efeito de um jogo paranomástico.

— *guapos*: assim eram denominados os elementos da *marginália* do começo do século. Mais tarde, esta palavra designaria um certo protótipo masculino, portador de algumas características específicas: coragem e boa pinta. Pode, também, funcionar como adjetivo, como na língua espanhola.

— *gayola*: **jaula**, na referência à prisão, ao cárcere, ao xilindró, mais especificamente, à *cela,* na importação de um termo português, a *gaiola*.

— *campaneando*: o verbo *campanear* adquire aqui uma perspectiva visual, ficando como sinônimo de *mirar*.

Argumento:

Este tango relata um triângulo sentimental com final infeliz. Seus protagonistas são todos párias, e o cenário da trama — o depósito municipal de lixo —, dá a pauta da abjeção reinante.

A estrutura da situação assemelha-se com o complexo de Édipo, pois não faltam seus ingredientes principais: ciúmes, terceiro excluído, fatalidade, assassinato, punição. O *ciruja* desafia seu antagonista para dirimir o lugar possível para só um dos dois. Por incrível que possa parecer, o motivo do duelo não era a preferência da mulher, que aceitava a ambos, sem discriminação. Em resumo, o outro perde a vida, e o personagem, como conseqüência, a liberdade, junto com a fêmea, para sempre irrecuperável.

O sujeito da tragédia estaria, agora, além do bem e do mal. Depois de pagar pelo infortúnio, continua a sofrer, pois ele, sem amor, já não é mais nada, e as lágrimas são o que sobra do seu desejo, para sempre insatisfeito.

VII. A *LÍNGUA PATERNA* DOS ARGENTINOS

No cerne desta dissertação ronda uma aposta teórica que parece contrariar o bom senso acadêmico. Demandando uma formalização à altura de sua originalidade, o *lunfardo* persiste. Em que medida considerá-lo no seu caráter de jargão, e ao mesmo tempo, como emblema da cultura de um povo? Outrossim, entanto rubrica da identidade de uma nação, a mais específica, porque exclusiva e indelével.

Apesar da autonomia do objeto de estudo, é necessário resgatar aquilo que não poderia ficar de lado, e também identifica os argentinos, entre si, e perante o mundo: o tango. Deveria ser invocado aqui como chave-mestra, imprescindível para a elucidação do enigma daquele linguajar arteiro e certeiro, marginal e depois central, censurado e louvado, desprezado e, mesmo assim, motivo de secreto orgulho.

O tango, como já foi dito, nasceu no **Río de la Plata**, mas seus antecedentes vieram de latitudes mais remotas. Da África, o batuque, reprimido junto com qualquer outro traço de influência negra. Da Espanha, os estilos regionais, presentes e integrados. Do Caribe, os ecos e as vibrações que chegavam de contrabando com os barcos. Da Europa, a sonoridade tradicional, devidamente assimilada. A síntese foi uma melopéia que não se restringiu ao seu lugar de origem, como tantos outros localismos, e se tornou internacional por obra e graça das contingências históricas antes apontadas (Salas, 1997). Fora sua dimensão globalizada, trata-se de um produto cem por cento argentino, e indissociável do *lunfardo*. Por isso, seu papel no imaginário coletivo permitirá conjeturar sobre a potência deste último no inconsciente singular.

Para tanto, alguns dos conceitos fundamentais da metapsicologia lacaniana poderão ser de inestimável ajuda na definição da "fenomenologia do espírito" *portenho*. Convém lembrar que a convergência de perspectivas heteróclitas apresenta, mais do que um agenciamento arbitrário, um nó de dimensões calculáveis. Do fato das derivações serem incomensuráveis, infere-se uma unidade estrutural integrada por um sistema de três articulações. A coesão entre elas se consegue sempre e quando algum outro elemento as mantenha unidas. Tributária da psicanálise lacaniana, esta lógica coloca de imediato em jogo os registros da experiência subjetiva do falante (García, 1997).

Com efeito, a solidez perene do tango, entendido como um **constructo** social, pode ser explicada pela articulação nodal que, de forma *borromeana*, mantém seus alicerces enlaçados. Em outras palavras, e para não ficar apenas num mero tecnicismo abstrato perante uma complexidade cultural desta magnitude, seria uma exigência mínima não apenas de recensear seus ingredientes, como também discriminar as suas composições, e ainda demonstrar a maneira como elas estariam intimamente conjugadas. No *simbólico*, na instância da linguagem e do inconsciente, no *imaginário*, no espaço consagrado ao **ego**, e no *real*, isso que não tem nome nem forma, e que volta sempre ao mesmo lugar.

1. S – I – R

Mesmo que a evidência imediata pareça dispensar qualquer comentário, merece ser lembrado que o tango, numa primeira instância, é uma modalidade melódica. Seu destino não escapa da alçada da harmonia acústica, pois foi assim que começou, como um som inaudito, para gáudio dos que ouviram e aprovaram a novidade. A música, portanto, perfaz o elo inaugural que dá a chance para os outros se anelarem.

Em seguida, deve-se prestar atenção ao seu poder convidativo para o exercício rítmico. O tango tem um propósito explícito, propiciar a cadência e o contato entre os corpos, no embalo do som, fazendo da dança uma finalidade transcendente. Esta perspectiva, em que a proximidade entre os parceiros parece fazer de dois um, *uno*, constrói uma tópica imaginária, no que diz respeito aos rodopios ornamentais e à *prestância* narcísica. Um duplo prazer norteia a ação: por um lado, à fruição auto-erótica do movimento, satisfatória em si mesma, se soma à chance de apertar nos braços um outro corpo. Por cima de tudo, a performance desempenhada pelos dançarinos supõe sempre um olhar externo que faz, deles, personagens de um espetáculo oferecido para um Outro onividente.

A partir do tango cantado, as **letras** passaram a ter importância intrínseca. Seus conteúdos poéticos, as histórias que contavam, a maneira de organizar as palavras e os enunciados, tudo isto e muito mais seriam os parâmetros de uma dimensão simbólica constante.

A preferência popular e o sucesso de alguns cantores, independentes do talento destes, muitas vezes dependeu do timbre e da entoação de cada interpretação. A voz, aquilo que excede a enunciação como um eco extemporâneo, é o que se torna presente quando o que interessa é menos o semblante de quem vocaliza, e mais a incidência real daquilo que reforça a significação.

Destarte, pode se afirmar que não haveria uma coisa sem a outra, com os três registros entrelaçados, numa topologia *canyengue*. A música, propiciando a dança, também chama à palavra. E esta se corporifica quando alguém faz de uma letra um emblema, e de uma cantoria, uma afirmação do ser. Na complexidade de tantas facetas, o tango constitui, para os argentinos, o traço identificatório que lhes permitiu o reconhecimento cívico, consolidando uma identidade diferenciada dos seus ancestrais *gringos*. Para todos os efeitos, uma *insígnia*, bordada como monograma na subjetividade.

2. O CASTELHANO

A história social da linguagem platina é inseparável do processo pelo qual a colônia virou nação. Durante muitos anos, o árbitro da língua ainda morava além-mares, e o dicionário da **Real Academia** era a alçada superior para dirimir qualquer querela significante. Mas o regionalismo lingüístico acabou por se impor como referência última, configurando um âmbito autóctone, na manufatura da fala.

Vale a pena repetir algumas asseverações, agora vitaminadas pela exposição precedente. A Espanha, metrópole invasora, exportou a sua prepotência, e semeou a sua imagem e semelhança nas colônias do Novo Mundo. Apesar disso, e como não poderia ser de outro modo, cedo ou tarde seus domínios se emanciparam, em termos políticos e econômicos e, por extensão, culturais. No caso específico do **Río de la Plata**, antigo **Virreinato**, adviria República Argentina só depois de muita luta. Com a retirada completa dos **godos** (abreviatura de **visigodos**, antigos habitantes de Ibéria, e denominação depreciativa por parte dos argentinos) do território latino-americano, sua influência permaneceu incólume, favorecida pelo uso consuetudinário da língua materna implantada nos submetidos.

Apesar dos diversos acentos de cada canto da península, em decorrência da gesta da reconquista sempre prevaleceu uma língua, aquela da região de **Castilla**, em detrimento de qualquer outro dialeto provincial, ficando como o estereótipo cristalizado. O espanhol era a denominação do idioma dos conquistadores, e também dos conquistados. Todavia, no extremo austral do continente americano, a maneira de falar era um pouco diferente. Incluindo palavras nativas, sotaques vários e provincianismos mil, acabou sendo chamada de **castellano**, *castelhano*. Aqui pode se perceber alguma certa ironia. Com a referência onomástica da pronúncia mais purista, foi designado um linguajar que não lhe rendia a homenagem da reprodução exata. Antes, pelo contrário, o castelhano foi uma maneira independente de transcender a língua-mãe, em prol de uma distinção feita no âmago da dependência semântica.

O castelhano, então, seria o idioma dos argentinos. É interessante consignar que, embora exista consenso a este respeito, ainda hoje, na solenidade dos discursos oficiais, continua se falando do espanhol como legítima dicção, e o anterior fica relegado apenas a uma participação informal. Porém, e ainda que de maneira colateral, insidiosa e irreverente, o *lunfardo* insiste. E *apronta*, a despeito de qualquer hierarquia atribuída às linguagens em vigor, numa paráfrase debochada do discurso competente, autorizado, ilibado, supostamente hegemônico.

3. O LUNFARDO AL VESRE

O *lunfardo,* aquém o castelhano e para além do espanhol, singulariza seus usuários, os detentores de um tipo de fraternidade extra-oficial, forjada pela inclusão num código privativo e único no mundo. Grande parte da população do país se reconhece pelas locuções que, de tão familiares, parecem eternas, embora os neologismos acrescentem novas falações, incorporadas no repertório sem demora. Assim, a comunicação permite a comunhão e, pela cumplicidade entre os interlocutores, sedimenta-se uma consigna de autenticidade.

A afirmação prévia desfralda-se ao longo de duas instâncias indissociáveis, a coletiva e a individual. A primeira, concêntrica, deveria ser entendida como o produto ininterrupto da individuação simbólica, desenvolvido em função da dialética histórica. Resultou, como foi apontado, num dos índices constitutivos da identidade nacional. A segunda, excêntrica, porém inserida na anterior, permite uma operação de singularização, em que cada emissor adquire uma certa autonomia pessoal, por conta e risco da sua criatividade subjetiva.

De fato, aquele que debulha o *lunfardo* na sua fala, de um jeito conspícuo ou esporádico, faz isso partilhando os elementos fonéticos que consuetudinariamente todos utilizam quando assim se expressam. Mas também pode inventar termos inéditos, se assim o quiser, desde que respeite as modalidades de significação próprias deste tipo de tirada. O modelo típico é quando alguém se exprime *al vesre*: As palavras proferidas podem ser as mais corriqueiras, bem comportadas e triviais, mas o simples gesto de as dizer trocando suas sílabas produz o "efeito *lunfa*", a ser escutado segundo e através de todos os preconceitos cabíveis.

Com certeza, não se trata da mesma coisa, quando dita pelo avesso. "**Qué pasa, doctor?**" ("*O que se passa, doutor?*"), alguém perguntaria, corriqueiramente, a um médico, demandando uma sabedoria e respeitando uma hierarquia evidente. Em idênticas circunstâncias, se falasse "***Qué sapa, tordo?***", seria inevitável para o citado *galeno* se sentir desprestigiado, e até ofendido. O locutor, neste exemplo fictício, seria identificado pelo hábito de falar deste jeito, e ficaria com a pecha de debochado.

4. O PECADO ORIGINAL

Para Mario Teruggi, o *lunfardo* teria, por merecimento, seu direito de cidadania garantido por motivos incontestáveis. As razões que este autor alinhava para fundamentar a sua pertinência começam propondo uma correlação sistemática com o **argot**, com a **germania**, com o **slang**, com a **gíria** etc. (Teruggi, 1978).

Assim, todos os países, todos os povos, todas as nações, todos os grupos étnicos, todas as comunidades, teriam formas exclusivas de comunicação entre os participantes do mesmo grupo relacional. Por definição, estas maneiras de falar nunca são coincidentes com as linguagens oficiais nos espaços em que são utilizadas. A constatação da presença das formas idiomáticas citadas, o uso de jargões e de códigos específicos em contextos determinados, e ainda, os dialetos que acompanham paralelamente às línguas protocolares, confirmariam seu valor de uso. Constantes nas diversas latitudes, sua utilização é validada como um dado de fato.

A partir de exemplos externos, porém similares, Teruggi defende o *lunfardo* como versão telúrica da fala cotidiana no **Río de la Plata**, tão legítima quanto as estrangeiras. Na linha de argumentação, ele desestima o estigma inicial que poderia ter ficado como um saldo infamante, na constatação de que o *lunfardo* teria uma estirpe lupanar e presidiária. A aceitação ulterior por grandes setores da população seria uma prova de que seu obscuro nascimento marginal tinha sido integrado e branqueado. Esta alegação **ad hominem** retira a sua força da conhecida sentença **vox populi, vox dei**, aqui implicitamente alegada como se fosse um álibi. Para tanto, Teruggi salienta o que denomina de *pecado original*, para em seguida se devotar a sua absolvição, destacada com maior importância ainda.

Fora de toda e qualquer alusão aos lugares comuns de cunho religioso, e mesmo que pareça impossível esquivar as ressonâncias ideológicas de tais analogias, resgata-se a idéia de *pecado original*, mas numa perspectiva diferente. Desde os primórdios, tudo foi filtrado pelo prisma da transgressão. Inadmissível, o rumor dos desclassificados só poderia ser desprezado pelas normas do bem-falar, na pretensão do comportamento correto daquela sociedade regrada e estratificada. Assim sendo, não surpreenderia que uma interdição, tanto implícita quanto explícita, estivesse na base do seu rechaço.

Todavia, este problema tem um outro ponto de fuga, quando se considera que o *lunfardo* começou como uma mensagem apenas entendida pelos iniciados, e quem não fosse partícipe, nada poderia captar nem partilhar. Para definir o cerne desta questão, diremos que o *lunfardo*, além de fala proibida, é aquela que permite dizer o que o Outro não poderia nem deveria saber, como tática para se evitar o controle.

A utilização do *lunfardo* como código entre os ladrões considerava como figuras de alteridade os eventuais vitimados pelos latrocínios, que havia de despistar. A seguir, os polícias, os guardas de cadeia, os juízes, ou seja, os representantes institucionais da lei e da ordem. Em paralelo, no aspecto pornográfico (do grego **pornos**, *prostituição*) da língua chula, o Outro seria visto como o sistema das relações de parentesco sagradas pela moral e os bons costumes, segundo o discurso que as preconiza, de maneira absoluta e inapelável. Dando força a estes semblantes, impera a obrigação formal do bom uso da linguagem, que o *lunfardo* dribla com seu estilo iconoclasta e gozador.

Nesta perspectiva, o *pecado original*, longe de ser um demérito, teria de ser avaliado como um brasão. Sintetiza um passado nunca esquecido e sempre atualizado, no contraponto entre a criação espúria e profana da palavra, e as prebendas anquilosadas de todos os significados que se pretendem imutáveis, porque consagrados.

5. VERSUS

A seqüência de afirmações que antecedem tem como finalidade a consolidação de uma base inabalável para as elaborações que virão a seguir. Convocamos aqui o parecer autorizado de José Gobello, o mais ínclito estudioso do assunto que nos concerne, mentor e fundador da **Academia Porteña del** *Lunfardo*. Em diversas oportunidades, definiu e recenseou o tema, adotando óticas diferenciadas, dependendo do intuito. Se, num primeiro momento de sua obra, Gobello afirmava que o *lunfardo* era "...*o repertório das vozes trazidas pela imigração, imitadas festivamente pelos* ***compadritos****, e mais tarde incorporadas à linguagem popular de Buenos Aires; a vertente da delinqüência e a da **vida airada**, própria dos rufiões e suas pupilas, poderia ou não fazer parte dela...*", mais tarde chegou a cogitar que o *lunfardo* poderia ser "...*uma língua literária, uma linguagem fictícia, nunca falada na vida real, embora muitos dos seus elementos fossem de uso corrente, na boca do povo*". Este viés serviria apenas para aludir aos artifícios retóricos utilizados historicamente no tango e no **sainete**, gênero teatral **costumbrista** de farta popularidade na alvorada do 900, cujos protagonistas assim se expressavam, pela pena dos seus autores. De qualquer maneira, o público acabava se inspirando neles, e as criações sempiternas extrapolavam o mundo do espetáculo, penetrando nos corações e nas mentalidades dos *portenhos*.

Avançando na pesquisa, num artigo publicado em 1993, por ocasião da comemoração dos 30 anos da Academia, ***Prelunfardismo***, ***paralunfardismo***, ***poslunfardismo***, Gobello fornece uma preciosa chave interpretativa, talvez aquela que melhor esquematiza seu pensamento, depois de muito se debruçar sobre a questão (Gobello, 1993: 123). Afirma que, se o *lunfardo* tivesse sido, unicamente, formado pelos vocábulos trazidos pela imigração, seu enriquecimento lexical ficaria interrompido em 1914, quando a deflagração da Primeira Guerra suspendeu a exportação de cidadãos do Velho Mundo para a América do Sul. Mas não foi assim, porque o vocabulário *rante* ainda continua acumulando novas acepções e termos inauditos. Chamá-los de **poslunfardismos** apenas acalma algum espírito classificatório, mas a hipótese da exclusividade migratória torna-se insustentável.

O legado, predominantemente imigrante, teria sido superado, pois uma grande parte dos seus ditos não coincidiria com a aluvião populacional, por serem posteriores. Tampouco constituiria um nível diferenciado da língua de alguns personagens **tangueros** e/ou teatrais; na atualidade, o tango cantado não é mais uma preferência optativa das massas, e o **sainete** é uma especialidade cênica perimida pela falta de interesse contemporânea. Escrevendo isto, e depois de uma humilde autocrítica, este autor conclui com a seguinte avaliação: o *lunfardo*, do mesmo jeito que o **argot**, poderia ser o saldo de uma especialização antagônica da língua, pois, fora da oposição à língua comum, não existiria. Perceptível em todos os casos, tal contraste é sentido como uma tensão constante, porque a utilização de qualquer termo *lunfa* implica, sempre e necessariamente, a não aceitação do seu símile na linguagem convencional.

Assim, Gobello propõe uma definição que qualifica de *pós-moderna* do *lunfardo*: um repertório de vocábulos e modismos que circulam no palavreado de Buenos Aires, em oposição aos que correspondem na fala comum. Por exemplo, falar *mina* para não dizer **mujer**, *mulher*; ***morfar***, e não *comer*; ***trucho*** por *falso* etc. Pouco importa se a motivação para tal uso seletivo e adversativo é a brincadeira, o eufemismo, ou até uma atitude de pretensa superioridade. Moral da história: se alguém utiliza um termo qualquer com a finalidade de se opor à língua comum, ali está presente o *lunfardo*.

Este ângulo de entendimento é mais operativo e abrangente que os anteriores, embora tenha o inconveniente de anular a dimensão literária intrínseca das palavras *rantes*, em detrimento da importância dada ao seu uso funcional.

6. AS TRÊS SÉRIES

A sapiência das contribuições de José Gobello, somadas às de Mario Teruggi, convidam para a tecelagem de uma trama de conjecturas bem urdidas, e o tecido resultante terá nós lacanianos para amarrar tal tricô. Juntando todo o exposto, com o respeito devido e a ousadia necessária, nos sentimos autorizados para entrelaçar três séries de considerações autônomas, porém interdependentes:

Primeira série:
1. O *pecado original* do *lunfardo* decorreria do fato de ter sido, nos seus primórdios, a fala dos *pecadores* sociais — ladrões, prostitutas, proxenetas e **lumpens** em geral.
2. Em seguida, acabou inseminado e nutrido pelas vozes forasteiras trazidas pela imigração.
3. Pelo fato de ter se disseminando pelos mais variados estratos da sociedade, dos mais baixos até os médios e altos, para além dos seus usuários iniciais, não seria possível considerá-lo exclusivamente como um jargão, restrito apenas a uma comunidade específica.
4. Primeiro desprezado, alguma vez proibido, depois difundido de maneira ampla, e mais tarde admitido. Por último, enfim assimilado pela quase totalidade da população.
5. Quem deste jeito fala, sabe o que diz, e o seu interlocutor, talvez não, embora este último possa julgar e até condenar o primeiro, dependendo do que ouve.
6. O locutor, que poderia se ater tão-só ao repertório dos termos já existentes e consagrados pelo uso, teria a chance, inclusive, de inventar seus próprios neologismos, metáforas ou giros idiomáticos, desde que levasse em consideração o espírito da coisa, sem desestimar o que estiver em jogo.

Segunda série:
I. Como um instrumento lingüístico específico, o *lunfardo* teria funcionado, nos primórdios, como um meio de comunicação entre pares, na facilidade do reconhecimento entre eles. De forma indireta e simultânea, induziu um processo coletivo de identidade.

II. O *lunfardo*, como produto cultural, ao longo do tempo e pela extensão do seu uso cotidiano, forneceu a matéria-prima para vários tipos de criações artísticas de cunho popular, como foi o caso do tango, do **sainete**, e da poesia *rante*.

III. Para além de qualquer tentativa de vê-lo como um efeito social datado, sua persistência seria prova de uma potencialidade evocativa, pois seu uso, no presente, testemunha a atualização de um passado ainda perene.

Terceira série:

A. A distância entre o castelhano — o idioma dos argentinos — e o espanhol — a língua materna da metrópole — ficou exacerbada pela intrusão do *lunfardo*, corrompendo suas raízes e produzindo frutos bastardos.

B. Em todos os casos, no contraponto com a língua oficial, o *lunfardo* sempre foi uma modalidade social de resistência, habilmente subversivo na inobservância das regras do vernáculo, e na impertinência processual e cerimonial.

C. Portanto, a *lunfardia* seria desafiadora da ordem, tanto lingüística quanto política, quando introduz um elemento de inconformidade, sob a forma de uma desobediência civil.

D. Daí que a eficácia do *lunfardo* opere por antagonismo, na oposição entre a fala bem comportada, veículo dos valores e das normas consagradas, e seu estilo marginal e contestador. O saldo desta discrepância é uma ironia intencional, aliada a uma tendência desbragada de contrariar o estabelecido.

As articulações listadas **ut supra** descrevem usos e funcionalidades, determinações e pontos de confluência. Vejamos agora se todas elas podem ser trançadas e enlaçadas, segundo perspectivas tanto semióticas quanto psicanalíticas.

Em primeiro lugar, a égide de um Outro, ungido como mestre e senhor da linguagem, fica implicitamente suposta. Às vezes, parece representada *ao vivo e em direto* por um dicionário ou um códice, mas também poderia ser um juiz, ou um policial, ou qualquer um dos que cuidam da ordem estabelecida. Talvez um professor, ou um burguês cheio de brios, ou alguma outra figura de autoridade cuja **persona** permita visualizar os emblemas do poder. O discurso imperativo teria como referência constante algum suporte antropomórfico e carrancudo para dar corpo à imposição *superegóica* de ser guardião da lei. Como nunca faltam aqueles que se arrogam a tarefa de vigiar e punir, sempre haverá quem encarne tão ingrato mister.

Apesar disso, crianças, loucos e poetas não costumam se adequar às regras da sintaxe, aos apertos da gramática, ou às benfeitorias da lógica. Tirante a *marcação* do processo secundário, garantia da coerência, o processo primário — isto é, o significante em ação —, cria e recria associações, de maneira impensada, espontânea e surpreendente, fora da esfera da volição e da intencionalidade. Para dizer o mesmo de um jeito diferente: o inconsciente em ato, por meio das suas manifestações, proporciona certa mais-valia da significância, imponderável **a priori** e **a posteriori**.

Por ser possível uma liberdade quase irrestrita para brincar com a língua, gozando literalmente dela, sem se limitar às acepções impostas, também precisa ser dimensionado o apetite repressivo das instâncias, as sociais e as intrapsíquicas, que regulam a fruição da linguagem, segundo motivos sensatos e/ou arbitrários. As formações de compromisso, inevitáveis, mostram como seria inexeqüível o controle total da significação. No máximo, a exigência de sobriedade discursiva conseguiria apenas regular um meio dizer. De resto, a transgressão constante do monopólio do sentido excede as regularidades ideológicas.

Será relevante avaliar a incidência do imaginário no simbólico. Opera como uma intrusão, em toda e cada uma das vezes em que a tentativa de fixar o significado pretende cercear a polissemia própria do significante, seja no seu deslizamento incessante, ou quando associado a outros, livremente. Com precisão conceitual, denuncia-se aqui a usurpação da *função do pai* pelo *superego*.

Em segundo lugar, na seqüência, seria o caso de inserir, nesta altura da exposição, um dos operadores teóricos que facilitará a compreensão das considerações que se seguem. Trata-se do binômio dialético impetrado pela *alienação* e pela *separação*.

7. ALTER

Na etimologia da palavra *alienação*, constata-se a alçada do Outro — **alter**. Esta idéia, antes de ser introduzida na psicanálise pela iniciativa de Lacan, já fazia parte do discurso da filosofia, via Hegel, e da economia, via Marx. No presente contexto, aponta à relação entre o sujeito e a linguagem. O primeiro, que depende desta para se constituir, fica preso às suas determinações, ali onde as decorrências do palavrório ecoam mais alto que a intenção consciente.

O ente que fala, alheio àquilo que suas palavras dizem para além da sua vontade, subordina-se ao efeito delas. Subsidiário, porque gerado na língua materna, seria praticamente compelido a se servir dela, prestando a vassalagem implícita que tal uso acarretaria, ao aceitar sua imposição como um fator irrecusável, por ser condicionante do seu lugar de origem.

A *separação* pode ser ilustrada a partir das evidências pertinentes. Antes, porém, para defini-la, cabe explicitar por que seria o contraponto da *alienação*. Como antítese, indicaria uma dimensão correlata, onde aquilo que prende precisaria, em algum momento, soltar o produto, como resultante do processo de oposição. Mas isto nunca aconteceria espontânea nem automaticamente; seria necessário que um ato, prenhe de todas as conseqüências, fosse perpetrado. Nesta perspectiva, quem fosse responsável, arcaria com o saldo da experiência. A independência sempre teria um preço, e a conta da autonomia é paga arcando com as marcas das decisões.

Na função e no campo da linguagem, **alius** — **alia** — **aliud** acerta, desde a raiz latina, aquilo que é próprio de outrem, alienado e alienante. **Se parire**, por sua vez, indica a ação específica pela qual alguém seria capaz de se engendrar, pelo menos no registro do simbólico, enquanto sujeito.

Na lógica lacaniana, a teoria dos conjuntos ilustra, mediante o formalismo de um modelo adequado, os diagramas de Venn, o relacionamento polarizado entre dois campos, correspondendo o primeiro ao sujeito, e o segundo, ao Outro. Num caso, estaria em jogo a pergunta pelo ser. No outro, a questão do sentido. Ambos os espaços são incongruentes entre si, porque se referem a problemas distintos. Contudo, superposições e interseções seriam possíveis, derivando delas as operações de conjunção e disjunção. Assim, entre o sujeito — o ser —, e o Outro — o sentido —, fica recortada uma zona intermediária, o não-sentido. Por outro nome, o *inconsciente* (Lacan, 1977).

8. SE PARIRE

De todas estas articulações teóricas, apenas citadas sem maiores aprofundamentos, será extraído o raciocínio que dá prosseguimento a estas especulações. Retomando a mola mestra da dependência à língua materna como alienação fundadora, o movimento de separação dar-se-ia quando o sujeito — indistintamente considerado, aqui, no plano individual ou no coletivo —, falasse de um outro jeito, querendo, com isto se contrapor e se diferenciar, apenas se identificando consigo mesmo, aquém da imposição de qualquer ideal.

Isto aconteceu, historicamente, no processo da independência das colônias americanas implantadas e exploradas pela Espanha. A ruptura teve, sem dúvida, inúmeras vicissitudes, desde as políticas até as econômicas, passando pelo divórcio cultural, nunca completo e eternamente irresoluto. No plano da língua, o idioma dos argentinos divergiu do seu referente peninsular, na exata medida da construção de uma faculdade lingüística exclusiva que acabou vingando pela sua singularidade. Aliás, nos dias que correm, já são vários os dicionários redigidos no **Río de la Plata** que nada devem aos seus congêneres *hispánicos*, e que garantem as peculiaridades da fala e da escrita dos habitantes daquela região. Segundo Tulio Carella (Carella, 1966: 71), estas conformam um certo tipo de "rebeldia idiomática" tipicamente americana.

No dia a dia, de um jeito informal, porém preciso, uma outra apropriação da linguagem tomou conta da comunicação entre os cidadãos de Buenos Aires e arredores. O *lunfardo*, patrimônio dos párias sociais, incorporado por todos como um patrimônio indelével do mais verídico sentir urbano, teria agido como o elemento capital na gesta infinita da discriminação de um Outro alienante na fonte, pela via de uma separação taxativa na maneira de falar, ao mesmo tempo original e desafiadora. De acordo com o contencioso entre a expressão entranhável de um sujeito, e o sentido do seu dizer, a resposta a como foi escutado ficaria sempre defasada por uma impreterível significação marginal.

9. O GOZO

Chegados nesta encruzilhada, não resta senão confrontar as seqüelas da formulação central da tessitura deste trabalho. De nada teria servido relatar a história da Argentina, sua gente, sua cultura e sua música, sem dar a devida atenção ao fato dos seus habitantes falarem hoje, normalmente, com os vocábulos que ontem seriam inviáveis, pelas razões já descritas. Numa simples crônica da evolução da linguagem, encontramos um tipo ímpar de implicação subjetiva, cujas conseqüências, tanto sociais quanto individuais, atentam para uma série de conjecturas que se pretendem consistentes e dignas de serem levadas em conta.

Em definitivo, resgata-se a idiossincrasia de um povo a partir do seu modo mais íntimo de se manifestar, na prosódia do seu gozo. Isto escancara o *lunfardo* como uma forma lúdica de se expressar, apesar da sua utilidade como meio de comunicação. Gozar da língua, no usufruto da inventividade própria do palavreado, fora das restrições e dos significados cordatos, sempre foi um prêmio para seus afoitos beneficiários. Como uma brincadeira infantil, capaz de se burlar do mundo adulto e sisudo, o *lunfardo* permite encarar a vida sob o ângulo da galhofa, mesmo que a gravidade da existência nunca fique excluída da sua concepção do mundo. Por isso, o alcance criativo dos seus termos poderia ser equiparado aos processos típicos do **witz**, os **chistes** ou ditos espirituosos que Freud exibia em 1905 para ilustrar a fertilidade significante do inconsciente.

Por outro lado, e ao mesmo tempo, o *lunfardo* se desgarrou do espanhol, a primitiva língua materna, de um jeito como jamais o castelhano teria sequer ousado. Na realidade, aplicando aqui a dialética esquematizada da alienação e da separação, comprova-se como, além das contingências históricas e culturais, tratava-se de conseguir safar do desejo asfixiante do Outro, posicionado como uma força onipotente e controladora. Em última instância, o ser e a liberdade dependem da conta e do risco, quando se assina embaixo do próprio dizer. Ainda mais se este é inédito, inaudito, inclassificável, provocador e, acima de tudo, simpático.

10. *LA PATERNAL*

Mas isto não é tudo. Uma outra circunvolução atingiria a órbita da psicanálise em extensão. Configurando a língua materna como uma alienação inevitável, e a necessidade de uma invenção para se obter a separação, nacional, grupal ou pessoal, o recurso à *função do pai* ganha peso.

A paternidade será invocada de maneira ampla e, ao mesmo tempo, restrita. Embora o complexo de Édipo, nas variantes freudiana ou lacaniana, constitua o pano de fundo destas especulações, descartando sua fachada literária, o que importa é a dimensão simbólica que vigora na estrutura, e as razões de sua eficácia. Daí que a metáfora paterna, a viga mestra do inconsciente, também deveria ser a pedra de toque de seu funcionamento.

Ora, mesmo que a alienação na língua materna possa ter como antídoto a separação segundo a vertente paternal, esta possibilidade não ficaria bem esclarecida sem advogar, com solidez e perspicácia, em proveito da argumentação que comprova tal proposição. Para tanto, será engatada a articulação de um operador teórico fictício, denominado **ex professo** de *língua paterna*. Este sintagma, *matutado* no seu ineditismo, dista muito de qualquer pretensão de vir a ser um conceito formal, por direito próprio. Ampara-se na discriminação estabelecida pela definição de ciência de Gaston Bachelard, entre a noção e o conceito. Tratar-se-ia, no melhor dos casos, de um exemplo da primeira, por carecer do teor irrefutável que lhe permitiria uma afirmação inconteste, capaz de instaurar um corte epistemológico irreversível em relação ao corpo dos saberes precedentes. Seria, portanto, um conhecimento superável, e nunca o ponto final da empreitada científica.

Desta forma, a noção de *língua paterna* brindaria ao **lunfardo** o reconhecimento da realidade que lhe diz respeito, ainda que a mesma possa ser descrita, talvez, de várias outras maneiras, dependendo dos discursos competentes e das disciplinas que fossem convocadas para tal fim. Numa dedução verossímil, porém improvável, amparada pela *semiótica psicanalítica*, foram deixadas de lado as exigências de rigor que seriam exigidas desde o prisma da sociologia, da história, da lingüística aplicada, e das outras tantas certezas acadêmicas. Em compensação, a peroração arrolada apóia-se num certo atrevimento: utilizar a psicanálise para pensar a língua, numa esfera de reflexão que lhe é pouco usual, a história social da linguagem, bastante longe do terreno familiar da prática clínica.

Reportemos o fato da língua materna ser aquela que se sabe, que autoriza o locutor, como conseqüência imediata, a se exprimir com tino e eficiência. Nunca poderia ser esquecida, por veicular eternamente a memória de quem introduziu o sujeito na linguagem. Lembrada, ao longo da vida, por ser aquela na qual a mãe do falante teria sido, em princípio, interditada (Melman, 1992). Pelo viés do recalque do desejo incestuoso, fica compilado um estoque de unidades significativas inconscientes. No retorno destas na fala, sob a forma de lapsos, deslizamentos e tropeços, demonstraria a constância de tal desejo, quando se faz escutar, em altos brados, ou num silêncio suspeito.

A referida *língua paterna*, entendida como uma certa mestria subversiva na manipulação da significância, agrega a chance de fruir da criatividade que é inerente à falação sem compromisso, servindo-se dos restos de um falatório cujo destino também poderia ser o recalcamento. Premeditação e aleivosia, cálculo poético e desafio explícito, a decisão de falar na contramão da prosa cordata revela, assim, uma outra vertente do desejo: a perpetuação da remessa indefinida das significações que designam, nas entrelinhas, o falo como objeto almejado de satisfação.

Mas o falo é um significante, segundo Lacan, passível de designar o conjunto dos efeitos do significado, assim condicionados por sua presença e autonomia (Lacan, 1972). Nunca desvinculado do *Nome-do-Pai*, e agindo como potência metafórica, seria o *condão* simbólico que permitiu escapulir da alçada do Outro, *imaginarizado* como uma mascarada repressiva cujo apetite tenderia à poda de qualquer impertinência discursiva.

Por isto tudo, a anedota que posicionava, no lugar do hino nacional argentino, aquele tango que a picardia *lunfarda* batizara como **El choclo**, na pilhéria transgressora de uma significação fálica clandestina, teve o valor egrégio de uma verdade revelada.

12. *FINIS*

Chegamos, agora, ao momento derradeiro da conclusão, e muito mais poderia ser dito, se fosse possível. Vontade não falta, embora o objetivo mais importante tenha sido formulado, quase como uma heresia teórica, ainda que bem intencionada, oferecida à opinião crítica, após ter sido considerada **a priori** dona do direito de legítima defesa.

Ratificando o já afirmado, elevamos o *lunfardo* à categoria de *insígnia*, não só do sujeito que se serve dele, como também do conjunto dos que forjaram tal *jargão*. Com o apoio dos autores que trabalharam o assunto, avançamos para além da sua origem marginal, entendendo que tal *linguagem especial* seria um feito extra-individual, portanto, social e cultural, de extrema importância para todos os argentinos. Assim, acompanhamos seu desenvolvimento maciço, sempre inseparável do apogeu do tango-canção. Ao mesmo tempo, contemplamos sua autonomia, em termos de disseminação e beneplácito da cidadania.

Em seguida, achamos por bem utilizar a teoria psicanalítica como alavanca epistemológica. Isso permitiu estabelecer uma hipótese altamente especulativa: na dialética com a *língua materna* — o estigma indelével da conquista, da colonização e da subordinação a um Outro histórico alienante —, o *lunfardo* teria sido, muito mais do que o castelhano, a forma lingüística privilegiada pela qual os argentinos conseguiram consolidar uma identidade própria. Para tanto, nos reportamos a conceitos tais como *falo, metáfora paterna, inconsciente*, todos indissociáveis da trilogia lacaniana de *simbólico, imaginário* e *real*.

Por fim, no uso extensivo da psicanálise, tentamos bisbilhotar metodologicamente a história social da linguagem dos habitantes de Buenos Aires na sua face mais profana. No bojo desta empreitada, admitimos que a referência à *língua paterna* também poderia ser escutada jocosamente como um *dito espirituoso*. Então, para livrar a cara, ou melhor, para *hacer rostro*, evocamos, em causa própria, as palavras do poeta *rante* Carlos de la Púa (de la Púa, 1995), **tanguero viejo y peludo**, o imortal autor de *La crencha engrasada*:

Ciudad,
te digo la frase *guaranga* del caló
para hacerte más mía, para hacerte más íntima...
para que no perciban su porteño sabor
los que llevan la *mugre* del espíritu *gringo*.

Q. E. D.

PARTE II

VIII. O LÉXICO *LUNFARDO*

O *lunfardo* não seria nem língua nem idioma. Pode ser considerado, então, como um conjunto de vocábulos e expressões introduzidas, de forma insidiosa, na conversa e, mais raramente, na escrita. As construções gramaticais e a sintaxe, para todos os efeitos, correspondem ao vernáculo. Assim, os artigos, os pronomes e as conjunções utilizadas são sempre as usuais, e a especificidade encontra-se somente nos substantivos, nos adjetivos e nos verbos, junto com as frases compostas **ad hoc**.

As falas *lunfardas* costumam ser *neológicas*, versões inéditas de locuções corriqueiras e vozes estranhas que aportaram no país com seus significados originais, ganhando outros inéditos. Em suma, termos que foram criados, sentidos distintos dados aos velhos, ou admissão inconteste de estrangeirices. No mundo inteiro, os léxicos são expandidos por meio destes procedimentos. Todavia, para além dos elementos típicos, existem as expressões que, embora não formadas por neologismos, circunscrevem uma polifonia inaudita.

A partir daqui, seguiremos as indicações de Mario Teruggi (Teruggi, 1978), o mais exaustivo dos autores que se devotaram ao estudo sistemático do *lunfardo*. Ele distingue três caminhos que habitualmente conduzem à criatividade da língua: as novas acepções, as mudanças morfológicas das palavras, e os empréstimos. Acrescenta-se, também, a construção de frases e unidades complexas de significação. O seguinte esquema pretende situar, de maneira organizada e até prolixa, tais perspectivas:

Quadro dos procedimentos criadores de *lunfardismos*:

1. Novas acepções
   a. Por restrição do significado (especialização).
   b. Por ampliação do significado (generalização).
   c. Por deslocamento do significado.
   d. Especializações com mudança de gênero.

2. Mudanças morfológicas
   a. Mudanças voluntárias:
      1. Metaplasmos.
      2. Anagramas.
   b. Mudanças involuntárias.

3. Empréstimos
   a. Empréstimos externos:
      1. Espanholismos.
      2. Italianismos.

3. Galicismos.
4. Anglicismos.
5. Lusitanismos, galeguismos e brasileirismos.
6. Outras línguas.
   b. Empréstimos internos:
      1. *Aborigenismos*.
      2. Ruralismos.
      3. Jargões.
      4. Empréstimos especiais (marcas, sobrenomes etc.).

   4. Frases *lunfardas*

1. NOVAS ACEPÇÕES

O procedimento, empregado em todas as línguas para enriquecer os seus acervos vocabulares, é a designação de significados diferenciados para palavras costumeiras já existentes no idioma. Por meio da *criação de novos sentidos*, os vocábulos adquirem múltiplos significados (*polissemia*). Há três tipos distintos, mas muito próximos entre si: restrição, generalização e deslocamento.

A. RESTRIÇÃO DO SIGNIFICADO (ESPECIALIZAÇÃO)
Consiste na passagem de um sentido geral para um outro particular. Exemplos:
Bote é um termo que, usado de forma especializada, não se refere apenas a uma embarcação, como também a um carro, se for luxuoso e de grande tamanho.
Revoque, em princípio, quer dizer *estuque* ou *massa corrida*, *acabamento de parede*; reboque; de quebra, passa a designar os cosméticos e a maquiagem das mulheres.
Leche, *leite,* tem acepção dupla. Por um lado, alude ao sêmen; por outro, é usado para significar *boa sorte*, *fortuna.*

B. AMPLIAÇÃO DO SIGNIFICADO (GENERALIZAÇÃO)
Compreende a passagem de uma acepção particular a uma outra geral, num processo de extensão. Exemplos:
Gaita (*gaita de fole*), pela peculiaridade de sua origem étnica, é equivalente de **gallego**, habitante da Galícia; extensivamente, designa todo e qualquer espanhol.
Trenza, ou seja, *trança,* muito mais do que um entrelaçado, um tecido ou uma amarração,é utilizado para se referir a um conluio, um conchavo, ou uma *panelinha,* quando o contexto circunscreve as atividades dos políticos profissionais.
Boleto, palavra que no dicionário quer dizer *bilhete*, no uso popular alude a uma mentira, um exagero ou uma lorota.

C. Deslocamento do significado

Resulta da mudança de sentido das palavras, de um jeito pelo qual não seria possível determinar se houve passagem do geral para o particular, ou vice-versa, como nos dois procedimentos anteriormente considerados. Nestes casos, infinitas ilustrações coincidem com as figuras coletivas da linguagem e seus *tropos*, ou seja, a metáfora, a metonímia e a sinédoque que, obviamente, não são patrimônio exclusivo do *lunfardo*. Exemplos:

A cabeça costuma ser chamada de *azotea* (*terraço*), por se encontrar lá no alto, mas também é *zapallo* (*abóbora*) ou *melón* (*melão*). No primeiro caso, trata-se de uma relação metonímica; no segundo, metafórica, e ambas resultam indissociáveis. É uma constante que as referências às partes do corpo humano sejam sempre exuberantes. Daí que o sexo masculino seja aludido por meio daqueles horti-fruti-granjeiros que têm características faliformes: *nabo*, *banana*, *batata* (*doce*), *porongo*, *pepino* etc.

A mulher, podendo ser bonita ou feiosa, ganha significações animais dependendo da beleza. As do primeiro tipo poderão ser *panteras*, *leonas* (*leoas*) ou *yeguas* (*éguas*). As outras serão equiparadas a um *bagre* ou uma *lora* (*periquita*). Neste último caso, o termo desliza, por similar cadência, até virar *lorenza*.

No campo da fisiologia sexual, é comum assimilar o verbo *comer* ao ato carnal. O mesmo sentido existe no Brasil, mas, na gíria, serve para indicar a maneira como alguém é ativo na penetração de um outro corpo. Na Argentina também se fala assim, sendo mais freqüente o uso de *comer*, *morfar* ou *tragar* para descrever a recepção passiva do membro viril e seu produto, o sêmen.

D. Especialização com mudança de gênero

Em algumas oportunidades específicas, a aquisição de um novo significado é acompanhada de uma troca de gênero. Um vocábulo que primitivamente era feminino, quando aplicado a um homem, ganha nova acepção, e vice-versa. Exemplos:

Rana (*rã*) não indica apenas o consuetudinário batráquio, senão alguém esperto, ardiloso, às vezes, até trapaceiro. *Un rana* pode ser uma maneira pejorativa de se referir a quem vive dos outros, um boa-vida, ou talvez um *trambiqueiro*. Inclusive, este termo admite um aumentativo — *ranún* —, cuja sonoridade evoca uma provável origem italiana.

Pierna, além de designar uma das extremidades corporais — isto é, a *perna* —, quer dizer *parceiro*, *chapa*, mas pode ser também *amigo* e até *cúmplice*. A lógica desse termo aponta, justamente, às pernas que, por serem duas, funcionam em parelha. Preenchendo a coincidência societária, seria considerado *un pierna*.

Proveniente do jargão dos ladrões, *campana* (*sino*), apesar de se tratar de uma palavra de gênero feminino, identifica quem fica de olho enquanto os outros roubam, e cuja função é dar o alarme, se necessário. Este elemento, mesmo sendo de sexo masculino, é aquele que *campanea*, ou seja, *el campana*. Com o mesmo critério, fala-se do *bocina* (*buzina*), o sujeito disposto a denunciar os outros, de forma estridente.

2. Mudanças morfológicas

Outro procedimento criativo de incremento do vocabulário ocorre quando as palavras do vernáculo são modificadas na sua materialidade sígnica, de tal sorte que encurtadas, esticadas, ou cerceadas, ainda podem ser combinadas na sua fragmentação. As modificações e mudanças morfológicas são divididas em dois grandes grupos: as deformações voluntárias e as involuntárias. A importância maior do primeiro não depende apenas da sua proliferação, senão do fato do segundo ser exclusivamente acidental e efêmero.

A. Mudanças voluntárias

São introduzidas intencionalmente na fala oral ou na escrita. Podem ser divididas em duas variantes, metaplasmos e anagramas.

1. Metaplasmos

São as transformações que sofrem as palavras por adição ou supressão de letras ou sílabas. No primeiro caso, elas são estendidas, no segundo, encurtadas.

Exemplo de adição: *papa*, que é a designação oficial da **solanum tuberosum,** vulgo *batata*, também é usada como sinônimo de comida gostosa, ou até da alimentação infantil. Uma mulher bonita e desejável pode ser aludida deste jeito, dando água na boca. O passo seguinte desdobra *papa*, com tais significações, em *papónia* e *papusa*. (Neste caso particular ainda participam, no mesmo *purê*, uma palavra grega, **pepónia**, e uma polonesa, **papirusa**.)

Exemplo de supressão ou omissão: *tano,* versão abreviada de *napolitano,* serve como denominativo para todos os habitantes ou descendentes da Península Itálica.

2. Anagramas

Assim é designada, gramaticalmente, a transposição das letras de uma palavra. Esta operação pode ter uma função utilitária, por exemplo, na confecção de uma linguagem secreta, mas também pode servir apenas como diversão, como é o caso dos acrósticos e das charadas. Assim, *cosa* (*coisa*) transformar-se-ia em *asco*, *soca*, *caso*, *saco*, *caos*, *coas*, *ocas*, *osca*, *acos*...

A forma anagramática típica do *lunfardo* é a inversão silábica segundo a qual, de maneira ordenada, a última sílaba passa a ser a primeira, a penúltima a segunda, sucessivamente. Portanto, a palavra original é pronunciada ou lida pelo avesso, *al revés*. O *lunfardismo* específico para este maneirismo lingüístico é o *vesre*, termo que, no mesmo instante que explicita o mecanismo de aliteração, ele próprio já é uma ilustração cabal de tal poder.

Exemplos: **Mujer** (*mulher*): *jermu*; **caballo** (*cavalo*): *llobaca, yobaca*; **patrón** (*patrão*): *trompa*; **loco** (*louco*): *colo*; **señor** (*senhor*): *ñorse*: **tango**: *gotán*...

B. Mudanças Involuntárias

Em todos os casos citados até agora, a derivação dos novos elementos da língua é obtida a partir de um desejo consciente de modificar os vocábulos correntes, com o intuito de originar outros que seriam, talvez, mais expressivos, ou engraçados, ou mais atuais. Porém, junto com essas permutações também se produzem outras mudanças espontâneas, muitas vezes como efeito de confusões, tanto fonéticas quanto eufêmicas. Pode acontecer que palavras pouco conhecidas, ou escutadas pela primeira e única vez, ou ainda, expressões estrangeiras, contribuam para a multiplicação de equívocos e mal-entendidos.

Algumas deformações fonéticas provêm do castelhano: **vidorria**, uma vida fácil e abastada, como se diz na Espanha, converte-se em *vidurria* no **Río de la Plata**, sugerindo ostentação e extravagância; *bufarrón*, pederasta passivo, não seria senão uma corruptela de **buzarrón**, forma *madrilenha* do mesmo conteúdo etc. Outras correspondem a diferentes idiomas. Por exemplo: *chiquetazo*, usado para indicar algo que acontece de súbito, tem origem no termo português **chicote** que, apesar de ter tradução — **látigo** —, parece expressar com maior contundência algo que se passa de repente, como um golpe seco. Ou, senão, *sanguche*, argentinização do anglicismo **sandwich**. **Fútbol** é um termo que foi pragmaticamente vertido para o vernáculo, e dicionarizado. Mas isto não evita que também se diga *fulbo*, ou até *fóbal*, como se fosse a literalidade hispânica do original.

3. Empréstimos

O *lunfardo* emprestou muitos elementos oriundos de jargões e dialetos, além de aquilatar bastante seu léxico por meio das incorporações de outras línguas. Mas a nativa também aceitou, em certa medida, os *alienismos* que a migração trouxe ao país. Muitas palavras forâneas ficaram impressas na memória coletiva do povo, pela força da sua sonoridade, pelo vigor, pela sua graça, ou talvez pela exatidão com que preenchiam alguma lacuna idiomática.

A aclimatação de alguns empréstimos pode ser procedente somente quando a pronuncia o permite. **Cuore**, *coração* em italiano, vira *lunfardismo — cuore —*, dependendo do contexto. Em outros casos, o empréstimo precisa se adequar ao sotaque castelhano, ou é distorcido porque não se escuta com clareza. Quer dizer, acontece o mesmo fenômeno que foi antes descrito como mudança involuntária.

Alguns dos empréstimos que ornamentam o repertório *lunfa* podem ter como procedência os jargões, gírias e **argots** de outras latitudes, enquanto alguns outros, pelo contrário, derivam do uso corriqueiro e bem-intencionado das línguas forâneas. Incorporados sem pedir licença na fala cotidiana, não é rara sua transformação num sortido de neologismos de uso cotidiano. Por exemplo, a palavra **chumbo**, que em português designa o elemento metálico com que são feitas as balas de revolver. É utilizado para se referir a este último, num duplo deslocamento metonímico: *chumbo*

103

denomina a arma a partir do projétil, e ainda por cima, segundo o material com que este foi feito.

Os empréstimos que nutriram o *lunfardo* podem ser divididos em dois grupos: os *externos*, tomados dos idiomas europeus pela via dos grandes contingentes migratórios; e os *internos*, os resíduos das línguas aborígenes, e as sobras das fontes locais. Essas perspectivas serão descritas em detalhe.

A. EMPRÉSTIMOS EXTERNOS

A assimilação de estrangeirismos é um processo de absorção idiomática usual, que se produz em todo momento, e que nunca se detêm. A história de todas as línguas mostra a importância do que se absorve de outras na ampliação dos respectivos vocabulários. Nestes *empréstimos culturais* do *lunfardo*, teriam sido essencialmente cinco os idiomas cujas contribuições enriqueceram seu patrimônio lexical: o espanhol, o francês, o inglês, e o grupo galego-português.

1. Espanholismos

Mesmo na evidência do espanhol, no seu caráter de língua materna, ter sido a matéria-prima do castelhano, ainda deve ser feita ressalva de que, das palavras desprezadas pelos dicionários — os **hispanismos** —, o *lunfardo* obteve enormes benefícios na expansão do seu arsenal significante. Tem de se considerar, ao uníssono, tanto os regionalismos ibéricos quanto as vicissitudes da fala dos marginais daquelas terras, além da maneira peculiar de se expressar dos ciganos. Muitas vezes, de forma simplificada, tudo isto é chamado de **caló**. Exemplos: *Chorro*, substantivo, e *chorrear*, verbo, *ladrão* e *roubar*, respectivamente, são de orígem peninsular, admitindo, como variantes, **choro** e **chorear**, e sua corruptela, **chorizo**, que também já foi utilizada pelos gatunos *portenhos*; *cuervo*, ou seja, *corvo*, é uma maneira comum em ambos países para se referir ao padre, assimilando o negrume das asas daquele pássaro com a batina do religioso; *rajar*, sair fugindo, célere, sem parar etc.

Três palavras de conteúdo estritamente procaz parecem ter sido cunhadas na Mãe Pátria: *coger*, *acabar* e *concha*. Apesar de seu enraizamento contumaz no vernáculo, nenhuma delas é usada como calão na terrinha. No primeiro caso, significando a atividade sexual — com bastante precisão, sendo equivalente do brasileiro *trepar* —, é um termo comum na Argentina e no Uruguai, mesmo que, na Espanha, semelhante ato nunca tenha sido assim denominado. *Acabar* quer dizer, evidentemente, *terminar*, e identifica o clímax do coito. Os espanhóis, no entanto, falam **correr** ou **correrse**, para expressar idêntico mister e, entre eles, *concha*, apelido poético da genitália feminina, não faz outro sentido que aquele próprio do mundo marinho.

2. Italianismos

O enorme contingente italiano — quatro milhões de imigrantes em quase três décadas —, marcou profundamente à cultura local, no que diz respeito aos costumes, hábitos, comidas e estilos. Como não poderia deixar de ser, sua presença conspícua inseminou a fala da cidade onde aportaram com uma grande quantidade de palavras e expressões. Esse universo literal, mesmo não se incorporando à língua de forma oficial, criou um paralelismo dialetal ao falatório urbano. Uma mescla de paródia e arremedo que seria chamada de *cocoliche*, presente em peças teatrais, num gênero tradicional denominado **sainete**. No entanto, as contribuições dos *carcamanos,* em especial dos genoveses, serviram para forjar o *lunfardo* numa proporção até maior que a base lingüística ibérica. A receita final contaria, ainda, com um toque de indígena e, em menor quantidade, com termos esparsos de algumas outras línguas. Os italianismos foram tão numerosos que, em muitas ocasiões, substituíram seus sinônimos telúricos, como no caso de **salame**, que identifica, na sua referência, apenas um certo tipo de frio, mas acabou equivalente de qualquer embutido fálico. Outrossim, a acepção *lunfarda* de *salame* é pejorativa, apontando alguém não muito esperto, quem sabe, um pouco tonto, tal como, no Brasil, a apóstrofe de *banana.*

Mais alguns exemplos: *fiaca*, *preguiça*, símile de **fiacca**; *laburar*, modificação de **laborare**, ou seja, *trabalhar; **pastachuta**, macarrão seco*, que vem de **pasta sciuta**; *urso*, uma pessoa tão grande que pareceria um plantígrado, um **orso**; *polenta*, prato típico feito com farinha de milho, que fornece resistência e força a quem o consome regularmente, tem o sentido de *potência*, talvez porque suas propriedades assim o determinem, mas também pela superposição equívoca das duas palavras etc.

3. Galicismos

Os franceses que chegaram e se instalaram no **Río de la Plata** nunca foram tantos a ponto de serem notados pelo seu número no censo populacional. Contudo, os termos gauleses que se infiltraram no castelhano teriam mais que ver com a dominação cultural exercida no Ocidente durante centúrias, disseminados internacionalmente. No *lunfardo*, muitos deles entraram de maneira direta ou escusa. Na época em que o tango ancorou em Paris, os músicos argentinos que foram para lá, mais tarde regressariam carregando nas suas bagagens um amontoado de circunlóquios, a maior parte deles distorcido pela pronúncia canhestra e o sotaque bizarro. Tampouco deveriam ser esquecidas as mulheres públicas vindas da França, pois, junto com elas, aportou uma linguagem própria da libertinagem e do prazer centrífugo. Assim, a *lunfardia* adotou tantos galicismos quanto foi possível, segundo tais parâmetros.

Os exemplos listados a seguir foram deliberadamente escolhidos fora do uso cosmopolita das palavras francesas, muitas delas incorporadas e aceitas nos mais diversos ambientes. *Madame*, uma palavra de difusão irrestrita, acaba sendo sempre a alcunha da senhora encarregada de administrar o prostíbulo; *miché*, também assimilada sem nenhuma modificação, designa quem se dedica a vender seu corpo em prol da fruição do outro; *ragú*, que deriva de **ragout**, um certo tipo de cozido de carne, é usado como sinônimo de *fome*; *dolorosa*, forma engraçada de se referir à conta num restaurante, vem de **douloureuse** que, no seu país de origem, é um adjetivo e não um substantivo; *bulín* é indicativo de um lugar específico para encontros galantes, proveniente de **boulin**, um buraco feito numa parede, onde os pombos fariam seu ninho, embora para as mesmas ginásticas sensuais, os franceses utilizem o vocábulo **garçonnière** etc.

4. Anglicismos

Como no caso anterior, numa escala maior, a preeminência que a cultura de língua inglesa, britânica ou norte-americana, teve e continua tendo no último século e meio, fez com que palavras do seu apanágio permeiem os vocabulários de todos os cantos do globo. Mas, em relação ao *lunfardo*, importa menos a inserção imperialista do inglês, seja na alçada dos costumes ou até da técnica, e mais a miscigenação lingüística que, ao mesmo tempo, absorve o forâneo, mas também pode fazer dele uma paródia, quando não uma burla. Alguns exemplos seriam os seguintes: **speech**, discurso, vira *espiche*, para indicar não apenas uma peça de oratória, e sim um tipo de lorota, ou papo furado; **high life**, *boa vida*, transforma-se em *jailefe*, na alusão a um bom padrão, mas também a um sujeito perdulário; **Johnny**, em princípio um nome próprio — Joãozinho — encolhe-se foneticamente como *yoni*, para designar, de maneira ampla e irrestrita, todos os saxões; **chewing gum**, *goma de mascar*, é transmutada em *chuenga* etc.

Mais um exemplo extemporâneo: o **foot-ball**, o esporte bretão, foi introduzido na Argentina, obviamente, pelos ingleses, no final do século XlX; em seguida, começou a ser chamado de *fulbo*, *futebol*, e sua alteração, *fóbal*. Pois bem, uma das primeiras associações esportivas, ou **club**, recebeu o nome de *River Plate*. Seus idealizadores queriam deixar clara a raiz autóctone do lugar onde ficava o campo de jogo, na beira do **Río de la Plata**. Então, **river** por rio, e **plate** por **plata**. O surpreendente do caso é que **plata** — *prata* — deveria ser **silver**, em correto inglês. Dizer *Plate* seria mais do que um equívoco? Provavelmente seria a prova de que, na passagem de línguas, há sempre uma mais-valia de sentido, ainda que por vias tortas. Para complementar, cabe consignar, num contexto afim, um outro caso singular de como a importação dos usos e costumes dos anglo-saxões pode acarretar distorções fecundas. Por falar em equipe de *balão-pé*, na **terra brasilis** é freqüente dizer *time*. Se fosse a versão fonética de **team**, seu referente, deveria ser pronunciado *tim*. No entanto, falar *time*, na realidade, remete à literalidade do termo **time** — *tempo* —, que teria de ser dito *taim*, se houver a intenção de se falar da temporalidade cronológica. Tudo indica que, mais do que isto, no processo de transliteração, algo foi além do correto, criando uma esquisitice translingüística.

5. Lusitanismos e galeguismos

De todos os imigrantes peninsulares que desembarcaram nas terras rio-platenses, os que vieram da Galícia formavam um dos contingentes mais numerosos. Seus nativos, para além do fato de serem tão espanhóis quanto os **andaluces**, **vascos**, **catalanes**, **asturianos**, e demais, sempre tiveram uma presença marcante no perfil da cidade, talvez pelas peculiaridades no seu estilo de vida, pelo seu sotaque, ou até pelo seu modo de raciocinar. Não por acaso, o lugar que lhes coube na imaginação coletiva é correlativo ao dos portugueses no Brasil, ou seja, uma referência onipresente mas também um alvo fixo de chacotas e preconceitos. Deles provêm algumas incorporações semânticas que o vocabulário argentino acolheu e assimilou.

O dialeto **gallego** tem, na sua proximidade geográfica, fortes vínculos com o idioma português, partilhando alguns termos e maneiras de falar e construir as orações. Há de se considerar, então, um grupo lingüístico, o galego-lusitano, proveniente do **locus** europeu. Ora, quando se examinam os lusitanismos que o *lunfardo* aceitou como empréstimos definitivos, percebe-se que sua provável origem seria mais brasileira do que propriamente portuguesa. Os limites comuns das duas maiores nações latino-americanas sempre foram esponjosos, pelo menos, no que tem que ver com o livre trânsito de palavras, modismos e expressões típicas das zonas de fronteira. Alguns exemplos: *calote* é, de início, um termo galego, ainda que exista em Portugal e também seja utilizado no Brasil para indicar o que não foi pago, algo do tipo de uma dívida que nunca será quitada. Na fala *portenha*, é equivalente a roubar ou, mais especificamente, a fazer trapaça, isto é, ludibriar o próximo. *Barulho*, para dizer *ruído*, *estrondo*, é um elemento comum às línguas ibéricas, mesmo que grafado diferente, e utilizado como sinônimo de *confusão*. *Bolada*, que em **gallego** e português se usa para indicar *oportunidade*, *ocasião propícia*, pelo contrário, é escrita de forma idêntica, e seu significado *lunfa* acrescenta um matiz quantitativo, quase sempre de dinheiro.

6. Outras línguas

Perante os espanholismos, italianismos, galicismos, anglicismos, lusitanismos e galeguismos, todos eles bastante freqüentes em maior ou menor grau no *lunfardo*, as contribuições de outras línguas são proporcionalmente esporádicas. Os casos isolados teriam pouca relação com a imigração, e seriam apenas palavras com alguma curiosa sobredeterminação circunstancial que explicaria sua história, e o porquê de sua assimilação ao linguajar popular. Alguns exemplos esparsos: *pachá*, termo vindo do turco, que designaria um chefe militar regional, é usado como equivalente de uma pessoa rica e poderosa; *moishe*, diminutivo do nome Moisés no dialeto **iddish**, acaba virando uma denominação genérica para todos os descendentes dos povos semitas; **papejerosi**, palavra polonesa que quer dizer *cigarro*, combinada com *papusa*, *mulher bonita*, deu como resultado **papirusa**, na época em que fumar não era exatamente uma característica das moças de boa família.

B. Empréstimos Internos

Aquém das palavras que chegaram do exterior, veiculadas pelos forasteiros que as traziam como bagagem cultural, o meio nacional foi rico em contribuições, e uma vasta quantidade de americanismos foi incorporada, tanto ao espanhol, na formação do castelhano, quanto ao **lunfardo**. Teriam sido, inicialmente, ruído nos ouvidos dos primeiros conquistadores. Podem ser agrupados em *aborigenismos*, ruralismos, jargões e alguns poucos casos especiais.

1. *Aborigenismos*

Este termo, ele próprio um neologismo, nomeia os vocábulos que restaram dos povos índios que habitavam o cone sul, paulatinamente dizimados até sobrar pouca coisa das suas culturas originais. Da mesma forma que as tribos locais devem ser reconhecidas como as verdadeiras donas da terra, seu legado considera-se um empréstimo interno. Exemplos: **gualicho**, palavra derivada do **mapuche** **hualichú** tem, na sua raiz, a denominação usual de uma bebida bastante consumida naquela etnia, mas se transformou, em **lunfardo**, no jeito exótico de aludir a uma beberagem mágica ou filtro amoroso. **Chúcaro**, proveniente do **quechua**, onde quer dizer livre, é utilizado no sentido de *indômito,* ou até *selvagem*. A expressão mais usada pelos argentinos, **che**, espécie de vocativo cuja finalidade é chamar a atenção do interlocutor, deriva do **quechua**, onde significava *gente* etc.

2. Ruralismos

Como já foi mencionado, o contato entre os marginais e aqueles vindos da campanha, **gauchos**, **arrieros** e **paisanos**, foi fecundo naquela região onde a cidade limitava com o descampado, nos arrabaldes. É uma evidência histórica que o falar das pessoas do interior tenha se integrando no dizer urbano; algumas palavras, porém, ficaram retidas na maneira **lunfa** de se exprimir e manifestar. Exemplos: **guasca**, no campo, designa um certo tipo de chicote curto, adequado para domar cavalos, mas recebe uma conotação espúria quando vira sinônimo de *sêmen* ou, mais precisamente, *porra*. **Guacho**, além de ser uma designação para quem seria órfão ou filho natural, também é usado para xingar e se referir a alguém de maus bofes. **Lechucear**, termo derivado de **lechuza** — *coruja* —, ganha uma acepção agourenta, pois passa a ser equivalente de desejar o mal, ou trazer azar etc.

3. Jargões

Os jargões, aqui entendidos como as linguagens específicas e especializadas de determinadas profissões, ofícios, agremiações ou grupos fechados, sempre foram uma prolífica jazida de acréscimos lexicográficos. Assim, palavras e expressões típicas de certas atividades tiveram a chance de sair do seu nicho habitual, e cair na boca do povo, às vezes, mudando sua significação de forma surpreendente. Em princípio, aqueles afazeres menos circunscritos teriam maior poder de infiltração no cotidiano, como foi o caso dos esportes, de onde provém uma grande quantidade de empréstimos e extrapolações. Exemplos: *fija*, palavra cujo sentido literal é *fixa*, deixa de ser adjetivo e se transforma em substantivo no universo das corridas de cavalo, no **turf**, para designar aquele dado confidencial, *de cocheira*, que pode favorecer na hora de fazer as apostas. Por extensão, pode indicar não apenas aquilo que seria uma certeza, como também acaba englobando àquele que sabe do que se trata, sendo assim considerado altamente informado, ou de confiança, ou até muito esperto. *Carburar*, verbo que implicado no funcionamento do carburador de um carro, de uso trivial nas oficinas mecânicas, é propenso para indicar o funcionamento mental, e dizer que alguém *no carbura bien* seria correlativo a taxá-lo de louco. *Las Gomas*, ou seja, os pneus de um carro, transformam seu significado no momento em que servem para aludir aos peitos de uma mulher, especialmente se estes são volumosos e bem calibrados etc.

4. Empréstimos especiais (marcas, sobrenomes etc.)

Ao mesmo tempo se utilizando de todas as procedências antes listadas, o *lunfardo* aproveita também outras fontes, como sobrenomes, marcas de fábrica, e onomatopéias. Exemplos: o patronímico *Escasani*, na década de 30, era o nome de uma conhecida relojoaria, e virou equivalente de *escasso*, desde aquela época, num período de penúria que propiciou o deslizamento significante. Um vulto histórico quase desconhecido, *Segurola*, apesar de ter uma rua com seu nome salvaguardando a sua memória para as gerações vindouras, acabou sendo sinônimo de *seguro, preciso*. *Kolynos*, marca de pasta de dentes, ganhou um sentido irônico quando dado como apelido a quem é desdentado etc.

4. FRASES *LUNFARDAS*

Este estudo sobre a criação do vocabulário do *lunfardo* não poderia prescindir de um apartado que considerasse a importância das locuções e giros idiomáticos que caracterizam tal forma de falar. As frases típicas podem ser redigidas utilizando neologismos, mas isso talvez não seja necessário, sobretudo quando o uso de palavras correntes do idioma é suficiente para configurar um sentido novo, ou figurado. Na sua produção, lança-se mão de todos os recursos e procedimentos da elocução, tais como comparações, símiles, paralelismos, analogias, e tantos outros. Em certas ocasiões, elas podem ser bastante gráficas, e rapidamente transparentes no seu significado; em outras, resulta difícil distinguir, de chofre, o conceito em jogo, dependendo do viés criptográfico da circunlocução. Muitas vezes, as frases são inventadas com notável originalidade, como também pode acontecer que sentenças previamente originadas em outros contextos terminem fazendo parte da *lunfardia*, sem que se saiba, ao certo, de onde elas são provenientes.

Com freqüência, as frases *lunfardas* são explícitas e translúcidas na sua alçada metafórica, agindo por associação direta de idéias, ou utilizando figuras consagradas. Por exemplo, ***ponerle la firma***, *assinar embaixo,* remete a uma confirmação cartorial, tanto de veracidade quanto de autoria por parte de quem está falando. ***Mear fuera del tarro***, *fazer (xixi) fora do penico*, indica erro, coisa malfeita, péssima pontaria. ***Dar una mano de bleque***, *pixar*, corresponde a falar mal de alguém, acabar com uma reputação, ou até denegrir, com o sentido embutido desta última palavra, que inclui a *negritude* como alvo etc.

Em outros casos, as tiradas não são tão claras, pelo menos de início. Assim, ***andar con los cables pelados***, alude aos fios elétricos desencapados, mas é necessária uma rápida operação mental para deduzir que aquilo poderia produzir um curto-circuito; portanto, quem anda desse jeito estaria nervoso, ou à beira de um colapso. ***Caerse las medias***, para indicar surpresa, espanto ou admiração, insinua que o efeito de certos fenômenos nas pessoas poderia ser exatamente este, *fazer as meias caírem*. ***Querer guerra***, quando aplicado a alguma mulher, costuma ser um comentário entre homens, para afirmar, contando vantagem, que ela estaria desejosa daquele que fala. Todos estes exemplos, como tantos outros, têm a sua eficácia comunicacional garantida desde que o interlocutor saiba o que o locutor quer expressar. Em outras palavras, a eficácia deste tipo de dizeres repousa mais numa convenção prévia, do que no poder analógico ou heurístico do seu enunciado.

No usufruto coletivo, os sentidos dados e consagrados funcionam automaticamente, sem que possa se saber como foi que alguma expressão começou, ou de que jeito aconteceu aquilo que estaria sendo glosado nas frases de uso maroto. ***Tirar manteca al techo***, querendo dizer *esbanjar*, *desperdiçar,* ou *ser mão aberta*, tem uma história interessante por trás, datando a sua procedência, sempre lembrada. Na primeira década do século vinte, quando a Argentina começou seu sucesso comercial, exportando para a Europa seus produtos agropecuários, a **oligarquia vacuna**, ou seja, os donos das vacas e do dinheiro que elas rendiam, iam gastá-lo em Paris, como novos ricos que eram. Na Cidade Luz, além de dispender grandes fortunas em lazeres e prazeres, alguns costumavam freqüentar restaurantes finos onde a manteiga, uma iguaria bastante cara, era servida no **couvert**. Então, num ato perdulário, eles pegavam um tanto na ponta da faca, e jogavam para o teto, dando grandes risadas. Nenhum nativo faria isso, por respeito e por moderação, mas os argentinos, que eram justamente aqueles que agora tinham poder aquisitivo graças à dita manteiga vendida aos franceses, se divertiam numa espécie de **potlach**, aquela sorte de festividade descrita pelos antropólogos como um modelo de desperdício e desmesura, numa fruição excitante, porém inútil.

IX. AS FORMAÇÕES DO INCONSCIENTE

A noção de *formação do inconsciente* conjuga-se com um dos conceitos capitais cunhado por Sigmund Freud, o *processo primário*. Este termo designa um funcionamento mental de natureza não intencional, que se encontra em estado puro nos sonhos, evidenciado por meio do duplo mecanismo do *deslocamento* e da *condensação*. Também se faz presente no humor — nos trocadilhos e nos ditos espirituosos —, e nos atos corriqueiros do dia-a-dia. Três das suas mais importantes obras tratam do assunto, exemplificando, em cada uma delas, o que seria típico de tais manifestações: a *Interpretação dos sonhos* (1900), a *Psicopatologia da vida cotidiana* (1901), e *O chiste e suas relações com o inconsciente* (1905).

1. O Seminário V

Jacques Lacan, nas pegadas freudianas, elaborou a essência do seu sistema de pensamento entre 1953 e 1963. Os seminários e escritos do período relevam os traços incidentais da época, nos comentários de temas contemporâneos, sempre seguindo um propósito, premeditado e explícito, batizado de "retorno a Freud": o estudo sistemático dos textos fundamentais do precursor vienense, para extrair deles a especificidade do inconsciente, mola-mor da teoria. No momento em que Lacan mergulhou na exegese daquela trilogia, acrescentou também, como operadores de leitura, as contribuições da lingüística de Ferdinand de Saussure, as teses de Roman Jakobson, as análises dos mitos de Claude Lèvi-Strauss e, finalmente, algumas incorporações da filosofia de Martin Heidegger. Como resultante, o objetivo declarado era desestimar qualquer embasamento biológico da psicanálise, propondo, como alternativa, um ponto de vista estruturalista. Na altura da quinta temporada de ensino, em 1957, a questão central era repensar o funcionamento do aparelho psíquico desde um modelo calcado na estrutura da linguagem (Lacan, 1998).

De início, Lacan considerou o inconsciente a partir da função e o campo da palavra, mostrando como o ser humano é habitado por signos que o conduzem sem cessar à *rarificação* e à *reificação* do seu ser. Como corolário, deduziu uma teoria do sujeito determinado pela primazia da função simbólica, chamando de *significante* o elemento determinador dos atos e do destino do dito cujo. Em 1955, comentando *A carta roubada*, de Edgar Allan Poe, dotou o conceito de uma trama narrativa, acompanhando analogicamente as vicissitudes do conto. Demonstrou, por meio de exemplos clínicos, como ninguém domina o significante que o constitui, e quem acreditasse que pode, pagaria então o preço do sintoma.

Para formalizar a questão em termos epistemológicos, foi introduzida a idéia, emprestada de Jakobson, segundo a qual o deslocamento freudiano seria da ordem de uma *metonínia* (ou seja, um deslizamento do significado sob o significante), e a condensação, de uma *metáfora* (como substituição de um significante por outro, na produção incrementada do sentido). As decorrências disto basearam a tese segundo a qual o inconsciente estaria organizado como linguagem. Dito em **lacanês**: um sujeito só pode ser representado por um significante, nada mais que para um outro significante.

No seminário titulado *As formações do inconsciente*, Lacan retomou os principais argumentos de tal teorização. Após uma preleção sobre o **witz** (**chiste** ou trocadilho), verdadeira expressão do espírito criativo do homem, entra-se diretamente na questão da castração, na referencia à regra edipiana de proibição do incesto. Em seguida, retorna-se à dialética do desejo e da demanda, indicadora das desditas do amor, e a exposição se encerra com uma reflexão sobre a religião cristã e a neurose obsessiva, onde se misturam alusões a Melanie Klein, ao Marquês de Sade, ao islamismo e à "filosofia das luzes".

No meio de tantas citações e digressões, fica sempre em primeiro plano a tentativa de definir o significante como um conceito autônomo. Para todos os efeitos, extraído do contexto lingüistico, e agora integrado no discurso freudiano. Em outras palavras, aquela matéria que se transcende na experiência analítica, que permite o diálogo entre os interlocutores ao preço do equívoco e do mal-entendido e que, no fundo, parece estar sempre aludindo à sexualidade, escorregando para além de qualquer significado consagrado.

Cabe salientar o intrincado das problemáticas, que vão da intertextualidade erudita até o específico da cura, ida e volta. O epicentro do pensamento lacaniano, nessa altura, cristaliza num ponto zenital, que tem que ver com a função simbólica do pai, consagrada pela alcunha da *metáfora paterna*.

2. O INCONSCIENTE

Alguns autores, propensos ao estabelecimento de uma data presuntiva da inauguração da psicanálise, entendida como um corpo organizado de saber sobre a vida psíquica, costumam tomar partido pelo conceito que deveria ser considerado como o mais importante, a partir do qual seria possível delimitar e reconhecer seu encaixe, como pedra de toque. Assim, tem aqueles que acham que a *pulsão* seria o verdadeiro fundamento da teoria, por despejar e desnaturar a noção de instinto, situando a sexualidade numa etiologia propriamente humana, e não mais animal.

Outros, porém, colocam a ênfase no *inconsciente*, argumentando que este seria, sim, a mais radical das descobertas freudianas. Nesse raciocínio, dois momentos são usualmente lembrados como marcos da novidade. Primeiro, no plano mais pragmático, quando *Elisabeth von R.*, nos primórdios dos tratamentos da histeria, solicitou e conseguiu que seu médico, Freud, parasse de pressioná-la, para deixá-la falar à vontade. Tal permissão teria sido a estréia da *associação livre*, consagrada, desde então, como a regra do jogo da análise. E nunca seria supérfluo acrescentar que, quando este último aceitou calar, deixando que a escuta analítica tomasse o lugar do olho clínico, ele próprio transformou-se em algo diferente de um médico. Um psicanalista, para sermos exatos.

Em termos teóricos, o momento inicial situar-se-ia na altura da *Interpretação dos sonhos*, publicado na alvorada do século XX, onde o conceito de *inconsciente* ganhou solidez suficiente. Sua formalização instaurou um corte epistemológico, uma marca significativa no discurso científico da época e alhures, até agora nunca refutada de maneira consistente.

3. O Outro

Desde então, contabilizamos um século de psicanálise, de exercício ininterrupto de uma prática que, apesar de ter uma finalidade terapêutica inegável, não deixa de ser um método de investigação. Inclusive, o fato de ter sido inventada para uso interno, por assim dizer, indicada para um sujeito por vez, de forma singular, um por um, e com intuito explicitamente curativo, não impede que também possa ser implementada fora das quatro paredes do consultório, e ainda aplicada em contextos coletivos. Para isto acontecer de uma maneira profícua, deveria ser bem delimitado seu objeto de estudo, para que a extensão do saber faça jus a uma teorização conseqüente.

Portanto, eis aqui a questão, o desafio e a contingência. Na audição de um sujeito qualquer, esticado no divã e associando aleatoriamente, a escuta flutuante do analista compõe a situação, enquanto a *transferência* possibilita o tratamento. Doravante, quando se trata de ouvir a parolagem pluralista de uma língua, concernente a todos os cidadãos que, num determinado contexto social e geográfico fazem uso dela, será que os mesmos instrumentos conceituais poderiam servir, sem mais nada, para dar conta deste fenômeno a ser estudado? Ou precisariam ser adaptados para uso extraterritorial?

O partido tomado no presente trabalho salienta que as idéias freudianas e as lacanianas teriam competência para abordar os arroubos lingüísticos das multidões, que obviamente excedem os limites restritos da clínica. Contamos, para tanto, com as duas perspectivas magistrais. Primeiro, as indicações de Freud na *Psicologia das massas*, texto de 1920, que habilitam a psicanálise para perscrutar o âmbito da sociedade. Depois, o pensamento de Lacan, cuja ênfase na alçada da linguagem permite que a *outra cena* seja compreendida numa dimensão ampla, não se restringindo apenas ao aparelho psíquico do sujeito individual, como ao de todos os seres falantes, na extrapolação do seu funcionamento simbólico.

Assim, cabe consignar as linhas mestras. Em primeiro lugar, dentro do referencial clássico, o *inconsciente* e a *pulsão* são colocados em destaque, junto com um dos destinos metapsicológicos desta última, o *recalque*. Como retorno do recalcado, as *formações do inconsciente* seriam as manifestações do funcionamento do *aparelho psíquico*, nos vaivéns da circulação do *desejo*, e da incidência censora do *superego*.

No apanágio das contribuições lacanianas, algumas perspectivas teóricas estariam sempre ao alcance da mão, de maneira explícita ou implícita (Cesarotto, org., 1995). Na perspectiva de voltar ao espírito da *coisa freudiana,* os seguintes axiomas, de implicação recíproca, funcionam como pano de fundo de todas as articulações a serem feitas:

1. *O inconsciente está estruturado como uma linguagem.*
2. *A linguagem é a condição do inconsciente.*
3. *O inconsciente é o discurso do Outro.*
4. *O desejo do homem é o desejo do Outro.*

Estas formulações são balizadas pelos três registros imprescindíveis para descortinar as vicissitudes do sujeito. Na dependência ao significante, o *simbólico*. Nas miragens do ego, o *imaginário*. No assédio sem mediação, o *real* como causa.

Para a resolução do *complexo de Édipo*, o *narcisismo,* ligado no *imaginário* com a *mãe fálica*, deve se inscrever na alçada do *simbólico*, para ali receber a chancela da *castração* através da *função do pai.* A eficácia desta última é a garantia do prumo da organização da **psiquis**, assim como a determinação da *sexuação* inconsciente. O *falo*, como premissa universal, situa-se na posição chave de eixo *libidinal* e, decorrente de sua desaparição, a *metáfora paterna* organiza a sina do *sujeito*, suas insígnias e seus dizeres.

A dialética da *alienação* e da *separação* é considerada o verdadeiro pivô em torno do qual gira toda a exposição de razões. Esta dupla articulação, apresentada por Lacan em 1964, no Seminário XI, *Os quatro conceitos fundamentais da psicanálise*, é conseqüência do sujeito ser concebido como um efeito do significante, se constituindo no campo do Outro, sem simetria nem reciprocidade.

Isto se exemplifica, segundo uma simples lógica de classes, pela teoria dos conjuntos, sendo a *alienação* assimilada à *reunião* destes. A *separação*, por sua vez, foi homologada à *interseção*, ou *produto*, dos mesmos. Ilustradas por meio dos círculos de Euler, as duas operações têm por finalidade elucidar a *causação* do sujeito.

O ser falante é determinado pela estrutura, e o Outro é o nome dado à ordem simbólica, a tudo aquilo pelo qual ninguém chega a dominar plenamente os efeitos das suas palavras e atos, e o resultado final de sua atividade é sempre algo distinto daquilo a que ele visou ou que previu, na dependência constitutiva da substância lexical.

PARTE III

X. *SOPERMI*

Quem quiser se adentrar, que peça licença. **Data vênia** para poder mostrar o fruto redentor de um trabalho íngreme. Também, o jeito adequado para ser compreendido, sempre e quando o interlocutor saiba do que está se falando.

Se assim fosse, a única condição para isto acontecer a contento seria pertencer "à mesma paróquia". Este é o singelo conselho que se desprende do Seminário V de Lacan, fora uma leitura cuidadosa de Freud, aquém de qualquer outra sinecura.

Se, por ventura, o signatário disser *sopermi*, quem poderia entender *qual é a dele*?

Mas o dito cujo assume os riscos do mal-entendido. E ainda, do equívoco pertinaz, da incompreensão *plenilúnica*, do surdo mutismo da mais sobeja incontinência lexical, firmando embaixo, ciente e esperançoso de que o cataclismo que afundou Babel não se repita com o **Mercosul**.

Sopermi pode ser traduzido como *permissão*. Para tanto, o termo em questão deve ser cotejado com o português do Brasil, uma das últimas *fiorituras* do Lácio, perfazendo uma mediação ibero-americana. Como já se viu, o idioma castiço aqui em pauta, é um bocado diferente do seu paradigma peninsular.

Então, numa *cantada literária*, solicitamos das boas consciências mais um esforço de transliteração simultânea. Em paralelo e acintosamente com o castelhano, o *lunfardo mete o bedelho*, pois *sopermi* quer dizer *licença, consentimento,* ou seja, **permiso**. Esta palavra não é proferida nos conformes da língua, posto que suas sílabas foram alteradas para despistar o ouvinte — qualquer um que não seja da paróquia —, e para *ganhar amigos e influir sobre as pessoas*. Na galhofa do diz-que-diz do dia a dia, no lusco-fusco da glossolalia concupiscente dos habitantes de uma cidade meridional, de um país austral, de um continente *sudaca* por antonomásia, nos locupletamos com uma aberração lingüística de calado fundo.

Pois é, fazer o quê? Abdicar do fato irremediável de ter sido argentino pela sina natalina, filho de pai **tanguero** e mãe poliglota, usuário do espanhol-*castelhano-lunfardo* por desinência cultural, embora paulistano por opção, freguês do português como primavera nos dentes, psicanalista por determinação indelével, cidadão polifônico no fado do seu desejo, labuta e paixão?

Alea *ejaculacta* **est**, só resta correr atrás do prejuízo, pagando pela língua, para ir de manso e *ahogar el ganso*. Haveria algo mais insensato que escolher o *lunfardo* como tema para um doutorado, num país outro que não o próprio, onde originalmente teria se dado o caldo de cultivo para tal excrescência significante?

Ora, o internacionalismo universitário forneceu o álibi perfeito, na jurisprudência antecessora de uma tese já escrita sobre o assunto, redigida em alemão, nada mais nem nada menos, para sossego e solaz do postulante aqui em questão. Se, na Universidade de Colônia, no **Romanisches Seminar der Philosophischen Fakültat** der **Universität zu Köln**, foi possível defender "**Der argentinische tango als Spiegel der europäischen Massenimigration 1880-1930**" — **Kulturelle, thematische und linguistische Interferenzen**, então, pedra livre, pé na tábua e bola para frente. Tiramos, **cum laude**, nosso chapéu para Arne Birkenstock, agente, em 1996, de tal façanha.

No Brasil, o nosso intuito se legitima por ecoar e fazer **tandem** com, pelo menos, duas publicações mais ou menos recentes, testemunhas de algum interesse setorial ou pessoal sobre o particular. Antes, o livro de José Lino Grünewald, *Carlos Gardel — Lunfardo e tango*, publicado por uma empresa de grande porte, a **Editora Nova Fronteira**, em 1994. E depois, *O lunfardo nas letras de tango*, de Valdecir Freire Lopes, edição do autor, Petrópolis, 1998.

E ainda seria necessário render uma homenagem a Moreira da Silva, o inventor do *samba de breque*, famoso glosador das gírias malandras tão próximas da nossa matéria.

Non solum, sed etiam: o autor destas maltraçadas tem um depoimento para dar sobre a inserção do tango no mundo. Poucos anos atrás, em Kingston, capital da Jamaica, foi testemunha de uma cena surrealista. Num bar local, decorado no estilo dos **pubs** ingleses, e sombrio no meio da tarde, apenas uns poucos fregueses bebiam em silêncio, escondidos do sol a pino do Caribe. De repente, abre-se a porta, e um bando de velhas senhoras, alegres e emperiquitadas, faz sua aparição, rindo e cacarejando, felizes da vida. Uma delas, a mais espevitada, senta no piano, e começa a tocar com brio. A primeira música não é senão *El choclo*, para júbilo da platéia. A senhorinha dedilha, com mestria, suas notas *cancheras* e, quando termina, se vira e exclama: **Argentine tango!** Todos aplaudem, *y al que te jedi, se le pianta un lagrimón*.

Quando a esmola é portentosa, até o beato desconversa. Muito bem: qual seria a utilidade de discorrer sobre o *lunfardo*, nos dias de hoje, brasilianamente, no discurso da universidade? Não só: o que um psicanalista teria para dizer a sobre *isso*?

Doravante, quem conta um conto, acrescenta um ponto; quem espera, desespera; quem padece, comparece; e *el que no corre, vuela*. Em se tratando de uma aplicação plausível da psicanálise em extensão, no que diz respeito ao sujeito da enunciação, por que não fazer de gato sapato, de um limão uma limonada, e de uma curiosidade infantil um tema de estudo?

Assim, o *lunfardo*, a língua secreta dos argentinos, a chave hermética do tango, a contra-senha da *argentinidade*, a *língua paterna* dos *rioplatenses*, virou centro de atenção e confabulação, quando assimilado às formações do inconsciente descritas pela perspicácia freudiana, e aferidas na inclemência lacaniana. O teatro de operações foi um território epistemológico ainda indômito, aberto e propenso a inúmeras *paradas*: a *semiótica psicanalítica*, polinização recíproca dos mais diversos saberes, cuja idoneidade teórica habilitou o significante para ser ouvido, à tona e à toa, na isenção do preconceito das restrições setoriais.

Pucha digo, *puxa* diria, escutar o quê? Seria o caso de se levar, ao pé da letra, aquilo que Jorge Luis Borges foi capaz de dizer sobre o *lunfardo*:

> "... desertar, porque sim, da quase universalidade do idioma, para se esconder num dialeto **chúcaro** e receoso — um jargão aclimatado da infâmia, uma geringonça carcerária e própria dos cortiços, que iria nos converter em hipócritas pelo avesso, em hipócritas da malvivência e da ruindade —, só poderia ser um projeto para os mal-humorados e os resmungões" (Borges, 1985).

Insuspeito ou nem tanto, Borges, no seu reacionarismo erudito, desconsiderou o *lunfardo*, apesar do fascínio declarado pelo arrabalde, a *marginália*, e seus códigos de honra. Outros autores não se privaram de interceder em seu favor, invocando um respeito merecido, como foi o caso de Ernesto Sábato: "Na realidade, o *lunfardo* não somente conservou sua difícil e estranha vitalidade, como acabou se introduzindo na fala popular e cotidiana" (Sábato, 1968). E ainda muitos, com certeza menos notórios mas igualmente concernidos, escreveram artigos, livros, e dicionários, para assinalar o devido reconhecimento de tal *parlamento*.

As tentativas de decodificar o tango e sua linguagem desde a psicanálise, ainda que laudáveis, nem sempre ficam à altura do objetivo prometido. Um livro dos anos 90, **Tangoanálisis**, do patrício Gustavo Hurtado (Hurtado, 1994), fez o possível para equacionar os *matemas* com as letras **tangueras** de larga prosopopéia. A validade do ensejo, superior ao mesmo, deveras confirmou o que já se sabia: quem não é da paróquia — neste caso, aquele que não partilhasse o código teórico dado por suposto —, acaba boiando, na douta ignorância dos bem-aventurados, titulares do reino da inocência. Pelo menos, no tocante a tal esoterismo lacaniano.

Nas artes e nas manhas, e com empáfia mais do que suficiente, afundamos na própria lavra. Discorrer sobre o *lunfardo*, em *brasileiro*, parece um **hobby** de ociosos, diletantes, ou saudosistas. Mas nada impediria de considerá-lo um legítimo objeto de reflexão, tão válido quanto a obra de Joyce, ou a de Guimarães Rosa, para citar dois exemplos tradicionais de jazidas significantes sempre disponíveis e abastadas, fornecedoras de matéria-prima suficiente como para preencher inúmeras monografias acadêmicas.

Neste particular, a presente começou com um atrapalho, um empecilho e um estorvo, já no título: querendo chamá-la de **Yira yira**, como um conhecido tango de Enrique Santos Discépolo, alguma vez declamado até por Caetano Veloso (enquanto Raul Seixas atacava de **Cambalache**, do mesmo compositor), percebemos como os lusófonos não hesitavam em ler tal título com o acento típico de sua língua. O ipsilon era rapidamente elidido, e a pronúncia ficava *ira, ira*. Para se obter som original, foi o caso de escrever foneticamente, caprichando no sotaque, para consagrar um *gira, gira translingüístico*, numa mescla rara de italiano e de português. Pura jaculatória metafísica, por sinal, **lunfarda**, sempre um *ultraje ao rigor*.

Terminamos imersos até o tutano nas mazelas das passagens de língua. No limite entre um idioma e outro, no intercâmbio clandestino dos dialetos urbanos, no contubérnio impoluto com o discurso do Outro, o inconsciente dá as cartas, trapaceando por igual.

Não foi difícil, aliás, promover um recurso de autoridade. Elevar o entredito à dignidade de **res analitica** exigia colocar o vernáculo em causa, e seus efeitos colaterais em caução.

Imaginário, simbólico, real... Estes registros não ficariam juntos sem um outro elemento, exterior e anterior, determinando que a amarração entre eles suporte a reciprocidade. A cultura do tango comporta aqueles três parâmetros, acrescidos por um quarto, suplementar, a produção **rante**, que desafia o tempo e ainda hoje faz sentido.

A consistência da trama não impede, e até favorece, que um ponto de vista mítico também faça parte dela, ornamentando a abstração conceitual, e partindo para o anedotário como prova alegórica.

A *patriada* foi um convite aos interessados para uma visita guiada pelos meandros da alma *porteña*.

Assim sendo, a questão central foi apresentada sem delongas, nas **milongas**, introduzindo o **lunfardo** a partir de alguns exemplos, e propondo, ao mesmo tempo, uma tomada de posição ideológica e operacional.

Para entender o contexto, os capítulos iniciais contaram as histórias de uma terra e sua gente, de uma das suas produções culturais mais relevantes, o tango, e de um dos seus grandes vultos, Gardel, *el zorzal criollo*.

Depois, os capítulos especialmente dedicados ao **lunfardo** abordaram o cerne do assunto, consignando sua origem e sua evolução, dando mostras do repertório e das formas de criação características.

Hypotheses non fingo: os significantes **lunfas**, assimilados às formações do inconsciente, desfraldaram o conflito entre a língua materna — histórica, formal e alienante —, e a *língua paterna*, noção inventada para dar conta do separatismo nacional e popular, um verdadeiro **sinthoma** na gesta em prol da identidade do país e dos seus cidadãos. *Ahijuna!*

Por último, uma parte teórica deixou explícitos os alicerces conceituais que permitiram estabelecer um embasamento sólido para as conjecturas de praxe.

Leitores afoitos, que a misteriosa Buenos Aires do tango, com suas melancólicas lembranças do futuro, e seu universo de linguagem sem par, lhes dê sempre as boas vindas. Quem vos fala — *yo, argentino* —, pede *sopermi*. Agora, para se retirar. Por final, enfia a viola no saco — *la guitarra em el ropero* —, faz uma reverência aos ancestrais, e sai *payando el fiorolito de Julián Centeya*:

> *Isolina la corvina,*
> *no le tengo miedo al cuco.*
> *Nunca más use gomina*
> *y hoy les canto flor & truco.*

XI. Graças

Em primeiro lugar, este trabalho é dedicado ao meu pai, *tanguero de ley*, merecedor do copirraite pela *língua paterna*.

Em seguida, à minha santa *mama*, a exceção feminina.

Aos meus filhos, nascidos na Argentina e no Brasil.

Às mulheres da minha vida, uma por uma, no dizer do poeta: "... *paica*, *percanta*, *piba*, *budín*, *percantina*, *cusifai*, *chirusa*, *nami*", especialmente à única, a *chincha mistonga*.

Minha gratidão a Lúcia Santaella, pela confiança na orientação, e pela boa receptividade do presente calhamaço.

Meus respeitos à banca de doutoramento, composta por Nina Leite, Luis Carlos Nogueira, Antonio Medina Rodrigues e Amalio Pinheiro. A defesa teve lugar no dia 18 de dezembro de 1998, na Pontifícia Universidade Católica de São Paulo.

Em memória de Samira Chalhub, mentora e amiga.

Por último, a Oscar Masotta, pela suplência.

XII. REFERÊNCIAS BIBLIOGRÁFICAS

ACADEMIA PORTEÑA DEL LUNFARDO (1993). *Libro de los treinta años*. Buenos Aires: Fraterna.

ANDRADE, Juan Carlos e SAN MARTÍN, Horacio (1967). *Del debute chamuyar canero*. Buenos Aires: Peña Lillo Editor.

BORGES, Jorge Luis (1985). *Evaristo Carriego*. Madrid: Alianza.

BURKE, Peter e PORTER, Roy (1997). *Línguas e jargões*. São Paulo: UNESP.

CAMAROTA, Federico (1970). *Vocabulario familiar y del lunfardo*. Buenos Aires: Peña Lillo Editor.

CARELLA, Tulio (1966). *Picaresca porteña*. Buenos Aires: Siglo Veinte.

CARVALHO, Nelly (1983). *O que é neologismo*. São Paulo: Brasiliense.

CASULLO, Fernando Hugo (1992). *Diccionario de voces lunfardas y vulgares*. Buenos Aires: Plus Ultra.

CESAROTTO, Oscar (1995) (org.). *Idéias de Lacan*. São Paulo: Iluminuras.

CHALHUB, Samira (1990). *Funções da linguagem*. São Paulo: Ática.

_____ (1988). *A metalinguagem*. São Paulo: Ática.

DE LA PÚA, Carlos (1995). *La crencha engrasada*. Buenos Aires: Corregidor.

ESCARDÓ, Florencio (1966). *Geografia de Buenos Aires*. Buenos Aires: EUDEBA.

FREIRE LOPES, Valdecir (1998). *O lunfardo nas letras de tango*. Petrópolis: Edição do autor.

FREUD, Sigmund (1970). *Obras completas*. Madrid: Biblioteca Nueva.

FURLAN, Luis Ricardo (1995). *Esquema de la poesia lunfardesca*. Buenos Aires: Torres Agüero Editor.

_____ (1971). *La poesia lunfarda*. Buenos Aires: La Historia Popular n. 53 / CEAL.

GARCÍA, Germán Leopoldo (1997). *Comunicação pessoal*. São Paulo: s.ed.

GARCÍA JIMENEZ, Francisco (1998). *Asi nacieron los tangos*. Buenos Aires: Corregidor.

GERMANI, Gino (1955). *Estructura social en la Argentina*. Buenos Aires: Raigal.

GIURIA, Carlos Alberto (1965). *Indagación del porteño (A través de su lenguaje)*. Buenos Aires: s.ed.

GOBELLO, José (1997) (org.). *Letras de tango: Selección (1987-1981)*. Buenos Aires: Nuevo Siglo.

_____ (1980). *Diccionario lunfardo*. Buenos Aires: Peña Lillo Editor.

GRÜNEWALD, José Lino (1994). *Carlos Gardel: Lunfardo e tango*. Rio de Janeiro: Nova Fronteira.

GUARNIERI, Juan Carlos (1967). *El habla del boliche*. Buenos Aires: Florensa-Lafón.

HERNANDEZ ARREHUI, Juan José (1957). *Imperialismo y cultura*. Buenos Aires: Ameríndia.

HURTADO, Gustavo (1994). *Tangoanálisis*. Buenos Aires: Club de Estudio.

LACAN, Jacques (1977). *Los cuatro conceptos fundamentales del psicoanálisis*. Madrid: Barral.

_____ (1975). *Escritos I-II*. México: Siglo XXI.

_____ (1972). *Las formaciones del inconsciente*. Buenos Aires: Nueva Visión.

LE GALLOTT, Jean (1981). *Psicoanálisis y lenguajes literarios*. Buenos Aires: Libreria Hachette.

LUNA, Félix (1969). *El 45*. Buenos Aires: Jorge Alvarez.

MATAMORO, Blas (1996). *El tango*. Madrid: Acento Editorial.

MELMAN, Charles (1992). *Imigrantes*. São Paulo: Escuta.

PIGNATARI, Décio (1987). *O que é comunicação poética*. São Paulo: Brasiliense.

PINHEIRO, Amálio (1994). *Aquém da identidade e da oposição*. Piracicaba: UNIMEP.

PUERTAS CRUSE, Roberto (1959). *Psicopatologia del tango*. Buenos Aires: Sophos.

RIVERO, Edmundo (1982). *Una luz de almacén*. Buenos Aires: Sudamericana.

ROMANO, Eduardo (1995). *Las letras de tango (Antologia cronológica 1900-1980)*. Buenos Aires: Fundación Ross.

SÁBATO, Ernesto (1963). *Tango: Discusión y clave*. Buenos Aires: Losada.

SALAS, Horacio (1996). *El tango*. Buenos Aires: Planeta.

SANTAELLA, Lúcia (1983). *O que é semiótica*. São Paulo: Brasiliense.

SCHWARTZ, Jorge (1995) (org.). *Vanguardas latino-americanas*. São Paulo: Iluminuras.

SEBRELLI, Juan José (1965). *Buenos Aires, vida cotidiana y alienación*. Buenos Aires: Siglo XX.

SIERRA, Luis Adolfo (1997). *Historia de la orquesta típica*. Buenos Aires: Corregidor.

SOLER CAÑAS, Luis (1976). *Antologia del lunfardo*. Buenos Aires: Cuadernos de Crisis n. 28.

SOUZA LEITE, Marcio Peter (1992). *A negação da falta*. Rio de Janeiro: Relume-Dumará.

TERUGGI, Mario (1979). *Panorama del lunfardo*. Buenos Aires: Sudamericana.

TODOROV, Tzvetan; DUCROT, Oswald (1975). *Diccionario enciclopédico de las ciencias del lenguage*. México: Siglo XXI.

DO MESMO AUTOR
NESTA EDITORA

IDÉIAS DE LACAN
(organizador)

JACQUES LACAN
Uma biografia intelectual
com Márcio Peter de Souza Leite

UM AFFAIR FREUDIANO
Os escritos de Freud sobre a cocaína

CONTRA NATURA
Ensaios sobre psicanálise e antropologia surreal

NO OLHO DO OUTRO
O "homem de areia", segundo Hoffmann, Freud e Gaiman

Este livro terminou
de ser impresso no dia
05 de novembro de 2003
nas oficinas da
Associação Palas Athena,
em São Paulo, São Paulo.